Vivir Con TDAH

Una Guía Completa Para Hombres Y Mujeres Adultos Con TDAH Para Lograr El Control Emocional, Aumentar La Productividad, Mejorar Las Relaciones Y Lograr El Éxito En La Vida.

Eric Holt

ISBN: 9781835123669

Contenido

Introducción   V

1. Comprender el TDAH en los adultos   1
    ¿Cómo se manifiesta el TDAH en los adultos?
    La prevalencia del TDAH en hombres y mujeres
    De qué forma el TDAH puede estar afectando tu
    vida

2. Diagnóstico del TDAH en los adultos   13
    ¿Quién puede diagnosticar el TDAH?
    ¿Dónde puedo encontrar a un profesional con expe-
    riencia en diagnóstico de TDAH?
    ¿Cómo sé si necesito una evaluación por TDAH?
    ¿Qué debo hacer para prepararme de cara a la eval-
    uación?
    ¿Qué es una evaluación integral?
    Estrategias para encontrar al profesional médico
    adecuado

3. Estrategias para el control de las emociones   30
    ¿Qué es lo que causa la desregulación emocional en
    los adultos con TDAH?
    Cómo regular las emociones con el TDAH
    Por qué debes tomar conciencia de tu TDAH para
    actuar, avanzar y progresar

Pedido de ayuda   42

4. Incrementar la productividad cuando se padece   44
   TDAH
   Cómo mejorar la productividad
   Conciliar mejor el sueño cuando se padece TDAH
   Realizar las tareas cotidianas
   Controlar y minimizar la impulsividad asociada al
   TDAH
   Vencer las distracciones y la postergación
   Cómo controlar mejor tus emociones
   Autocuidado

5. Las relaciones personales y el TDAH   58
   El impacto del TDAH en las relaciones adultas
   Ponte en el lugar de tu pareja
   Asume tu responsabilidad
   Comiencen a comunicarse y dejen de pelearse
   Trabajar juntos como un equipo

6. Cómo progresar en el trabajo cuando se padece   73
   TDAH
   ¿Cómo influye el TDAH en el trabajo?
   ¿Cómo conseguir y mantener un empleo?
   Puntos fuertes de los adultos que padecen TDAH
   que debes conocer
   El lado positivo del TDAH en el trabajo

Conclusión   82

Introducción

C oncentrarte en el trabajo es complicado; te distraes y despistas fácilmente, te cuesta administrar tu tiempo y no puedes enfocarte durante el tiempo suficiente. Si algo de lo anterior te suena, no estás solo.

Según los estudios, el 2,5% de los adultos y el 8,4% de los niños padecen TDAH (Trastorno por Déficit de Atención e Hiperactividad). Es un trastorno frecuente que afecta tanto a adultos como a niños. Entre sus síntomas más comunes se incluyen el estar inquieto o agitado, hablar en exceso, dificultad para relajarse o divertirse tranquilamente y dificultad para permanecer sentado. Esto también puede causar rabietas o estallidos de ira provocados por no poder controlar las emociones fuertes. Es fundamental recordar que la impulsividad, la hiperactividad y los síntomas de falta de atención, no necesariamente indican TDAH.

Realizar tus pagos a tiempo, gestionar tus obligaciones familiares, profesionales y sociales, y mantenerte al día con todo lo demás puede ser difícil si padeces TDAH, también llamado TDA. Los adultos con TDAH pueden presentar dificultades en todas las facetas de la vida, incluidas las relaciones en el hogar, el trabajo y la salud. La postergación de tareas, la dificultad para cumplir los plazos y el comportamiento impulsivo pueden deberse a sus síntomas. Además, puedes llegar a pensar que tus seres queridos no comprenden los retos a los que te enfrentas.

Afortunadamente, hay métodos que puedes aprender para controlar los síntomas del TDAH. Puedes desarrollar rutinas que mejoren tu capacidad para funcionar de manera más eficiente, organizarte e interactuar con la gente. También puedes aprender a reconocer tus habilidades y aprovecharlas. Ayudarte a ti mismo puede implicar explicar a los demás por lo que estás pasando.

No obstante, el cambio no se producirá de la noche a la mañana. Este enfoque de autoayuda para el TDAH requiere constancia, resistencia y, lo que es más importante, una perspectiva positiva. El uso de estas estrategias aumentará tu autoestima y te hará más productivo, organizado y responsable. Creamos esta guía para ayudarte a comprender el TDAH de principio a fin porque actualmente los adultos son el grupo de edad que obtiene diagnósticos a un ritmo más rápido (hasta el punto en que a algunos especialistas les preocupa que se pueda hacer un diagnóstico erróneo). Comencemos.

1

Comprender el TDAH en los adultos

En la actualidad, a los adultos se les diagnostica el Trastorno por Déficit de Atención e Hiperactividad (TDAH) o Trastorno por Déficit de Atención (TDA) más a menudo y a veces muy tarde. ¿Cuáles son los efectos en las personas que padecen este trastorno y qué tipo de ayuda puede proporcionarles el médico o el farmacéutico?

Para la gente de cierta edad, el TDAH es sinónimo de niños hiperactivos que a generalmente son estadounidenses y toman Ritalina. Por lo tanto, les sorprende que comportamientos peculiares que habían manifestado durante toda su vida se diagnostiquen como TDAH, una condición neurodiversa. En contra de la creencia popular, existen más personas que encajan en esta categoría.

¿Cuántas, entonces?

De acuerdo con las estadísticas oficiales, en los últimos cuatro años ha aumentado drásticamente en los Estados Unidos el número de personas a las que se les prescribe medicación para el TDAH, incrementándose el tratamiento de esta afección en un 80%. Los Centros para el Control y la Prevención de Enfermedades (CDC) estiman también que la prevalencia del TDAH en adultos estadounidenses oscila entre el 3 y el 4%, con una proporción de 3 a 1 entre hombres y mujeres.

Según esta misma fuente, entre 3 y 6 de cada 100 niños en edad escolar padecen TDAH, y 1 de cada 8 continuará padeciéndolo en la edad adulta. Dado que en los Estados Unidos viven aproximadamente 338 millones de personas, unos 20 millones de ellas, o más, padecen TDAH.

¿Cómo se manifiesta el TDAH en los adultos?

El TDAH es una condición que se caracteriza por la falta de atención, la hiperactividad y la impulsividad. El TDAH en los adultos es simplemente el TDAH, como habrás supuesto, con la diferencia de que ocurre al llegar a la adultez.

Si bien los síntomas son los mismos en adultos y niños, sus manifestaciones pueden variar. Entre los síntomas se incluyen la falta de memoria, la inquietud, la dificultad para concentrarse, la ira, la inestabilidad emocional, el comportamiento rebelde y una tendencia ruidosa y perturbadora, que es más común en los jóvenes.

En los adultos puede haber desorganización, falta de gestión del tiempo, poca tolerancia al estrés, agitación y ansiedad, olvidos, pérdida de atención, una sensación de estar impulsado por un motor o imposibilidad de permanecer sentado.

Para contextualizar, los niños con TDAH podrían soñar mucho despiertos, comportarse mal durante los momentos de silencio, interrumpir a la gente de forma inapropiada y hacer que su habitación parezca un desastre.

Puede resultar más difícil de detectar en los adultos porque los síntomas se parecen mucho al agotamiento y al estrés, algo que prácticamente todo el mundo padece en la actualidad.

Un adulto con TDAH suele cambiar de trabajo o de relación sentimental con frecuencia, tener dificultades para controlar sus horarios de forma regular (no solo en épocas de mucho trabajo), se critica demasiado a sí mismo o tiene baja autoestima, y tiene problemas para conciliar el sueño o relajarse (por ejemplo, es la persona que hace varias cosas a la vez mientras mira Netflix, lee un libro y consulta el correo electrónico simultáneamente).

Hombres y mujeres adultos también pueden experimentar los síntomas del TDAH de distintas maneras. Los varones suelen manifestar rasgos de hiperactividad, mientras que las mujeres que padecen TDAH presentan rasgos de falta de atención más moderados. Pueden olvidarse de llevar a cabo sus planes o sentirse perpetuamente sobrecargados por una larga lista de tareas que no pueden completar.

La prevalencia del TDAH en hombres y mujeres

¿Quiénes tienen más probabilidades de padecer TDAH, los hombres o las mujeres? La respuesta es difícil. Según los Centros para el Control y la Prevención de Enfermedades (CDC), el 12,9% de los hombres y los niños y el 5,6% de las niñas y las mujeres padecen TDAH.

Sin embargo, es posible que estos datos no reflejen la magnitud del impacto sobre las mujeres y las niñas.

Aunque está sub-diagnosticado en niñas, adolescentes y mujeres adultas por diversas razones, el TDAH es igual de común entre ellas.

<u>Diagnóstico</u>

Incluso cuando sus perfiles sintomáticos son idénticos, es más probable que los niños y los hombres sean derivados a los servicios que las niñas y las mujeres, lo que resulta en mayores tasas de diagnóstico para niños y hombres.

De acuerdo con un estudio de 2019, las pacientes femeninas pueden ser más susceptibles a que su diagnóstico de TDAH se omita a lo largo del procedimiento de diagnóstico.

Las mujeres tienen menos probabilidades de ser diagnosticadas con TDAH y de que se les prescriba medicación, puesto que no suelen mostrar los síntomas externos de alteración vinculados al trastorno.

Gracias a nuestra experiencia trabajando con personas que padecen TDAH y que conviven con él, comprobamos que las diferencias en los índices de diagnóstico están relacionadas con factores como los prejuicios, las creencias culturales y de género.

Según las investigaciones, las mujeres y las niñas son más proclives a recibir diagnósticos incorrectos de otras enfermedades mentales, como el trastorno bipolar, los trastornos de la personalidad, la depresión y la ansiedad, debido a la falta de conocimientos acerca del TDAH en estos colectivos.

El proceso de diagnóstico en adultos puede resultar difícil porque tiene que ser exhaustivo. Las personas deben tener en cuenta comorbilidades, traumas, problemas médicos, etc., a la hora de buscar un diagnóstico a una edad adulta.

Normalmente, una persona que necesita someterse a pruebas para detectar el TDAH es derivada por un experto en salud mental o médica. Luego, completarán una evaluación psiquiátrica y varios procedimientos de pruebas cognitivas para llegar a un diagnóstico.

La edad inicial

Los síntomas del TDAH se pueden manifestar a partir de los 2 o 3 años; sin embargo, normalmente aparecen antes de los 12 años.

Por la forma en la que se expresan los síntomas, los niños suelen comenzar a manifestar sus síntomas antes que las niñas. Según un estudio de 2021 sobre el TDAH de aparición en la edad adulta, los síntomas que aparecen más tarde en la vida pueden deberse, entre otros factores, a problemas de la infancia que no fueron debidamente tratados por un médico.

Si bien los síntomas pueden variar con el tiempo, sobre todo con un diagnóstico temprano y un tratamiento eficaz, el TDAH es una enfermedad relacionada al neurodesarrollo que dura toda la vida, lo que quiere decir que las personas no "salen de ella".

La adolescencia provoca cambios hormonales que, si no se tratan, pueden empeorar los síntomas. Por ejemplo, la variación de los niveles de estrógeno podría influir en la gravedad y la manifestación de los síntomas del TDAH en

varias fases de la vida, entre ellas la pubertad, el ciclo men-
strual mensual, la perimenopausia y la menopausia.

Se ha observado que, sobre todo en los últimos años, la tasa
de diagnóstico entre las mujeres (de entre 30 y 45 años) ha
aumentado rápidamente debido a cambios estructurales y
ambientales relacionados con la pandemia.

Síntomas

Según el sexo, la edad y otras características de cada persona,
los síntomas del TDAH pueden variar. En mi opinión, no hay
variaciones significativas entre los síntomas de los hombres y
los de las mujeres.

Dadas las diferencias estructurales y funcionales entre los
cerebros masculino y femenino, las conductas y presenta-
ciones de las mismas dolencias varían.

Signos del TDAH en mujeres y niñas pequeñas

Las mujeres presentan menos hiperactividad e impulsividad
externa que los hombres. Las mujeres que experimentan
hiperactividad interna suelen tener pensamientos intrusivos
y negativos.

Otros signos internalizados de falta de atención, distracción
e hiperactividad en las mujeres y niñas con TDAH pueden
incluir soñar despiertas durante el día, ansiedad, depresión, quedarse dormidas durante las conversaciones, perder
la concentración con facilidad, trastorno auditivo, olvidos,
trastornos de la alimentación, hipersexualidad, impaciencia,
conductas repetitivas centradas en el cuerpo (como arrancar-
se la piel, tirarse del pelo, golpearse las piernas), agotamiento,

insomnio, llanto por emociones intensas, ira y sentimientos de culpa.

El perfeccionismo, el deseo de complacer a los demás, la codependencia, la dismorfia corporal o una imagen negativa del propio cuerpo, la baja autoestima, el sobre o el bajo rendimiento, la fuerte reactividad emocional y la sobrecarga son signos adicionales de la disforia sensible al rechazo (DSR) que suele estar relacionada al TDAH.

Signos del TDAH en niños y hombres

Por otro lado, los hombres y niños con TDAH son más proclives a mostrar signos externos del trastorno, como hiperactividad (por ejemplo, inquietud), comportamiento problemático, pérdida constante de objetos, interrupción de conversaciones, comportamientos agresivos y conductas de alto riesgo (por ejemplo, abuso de sustancias, exceso de velocidad, comportamiento sexual poco saludable, gastos excesivos).

La DSR puede manifestarse en los chicos con la misma gravedad que en las mujeres. La baja autoestima y las inseguridades también pueden afectar a los hombres, aunque suelen manifestarse como lo siguiente: enojo, indiferencia, egocentrismo, aparentar que no les importan los sentimientos de los demás, burlarse de los otros o ser sarcásticos, tratar de tener la razón o refutar las afirmaciones de los demás, y actitud defensiva.

Los varones que experimentan emociones exacerbadas o desregulación emocional pueden mostrar más rabietas y estallidos de ira.

Muchos hombres son emocionalmente sensibles y, debido a los prejuicios de género, se sienten avergonzados por ello porque va en contra de las expectativas de la sociedad de que los hombres deben "ser duros o fuertes".

De qué forma el TDAH puede estar afectando tu vida

Los obstáculos de vivir con un trastorno por déficit de atención e hiperactividad (TDAH) pueden hacer la vida más difícil y complicada. Las personas con TDAH hasta podrían dudar de si son capaces de vivir una vida normal. Pero afortunadamente, una vez detectado el trastorno, es más fácil tratarlo y controlarlo que otras patologías. El TDAH incluso podría potenciar tu creatividad, lo que te ayudaría a tener éxito en profesiones que exigen nuevas ideas o formas de pensar alternativas.

Ser un adulto con TDAH hace que concentrarse en el trabajo o en las conversaciones sea un desafío. Algunas personas podrían asumir erróneamente que alguien con TDAH es desorganizado, desordenado o perezoso en base a su comportamiento. Este estigma puede hacer que a las personas que padecen este trastorno les cueste más entablar relaciones y desempeñarse bien en su trabajo.

Comer de manera compulsiva

Cuando padeces TDAH, es frecuente que te resulte difícil controlar tu comportamiento, como por ejemplo comer. Además, el TDAH a menudo hace que bajen los niveles de dopamina, una hormona que se encuentra en el área del placer de tu cerebro. Si comes demasiado, podrás aumentar temporalmente tus niveles de dopamina y así recuperar esa sensación positiva.

Ansiedad

La ansiedad se manifiesta por una preocupación persistente que no te permite vivir la vida que te gustaría. En la mitad de los casos, la ansiedad puede coexistir con el TDAH en los adultos. Los síntomas del TDAH pueden hacerte sentir tenso de vez en cuando. En ese caso, controlar el TDAH también reduce la ansiedad.

Consumo de drogas ilegales

Las mismas tendencias de búsqueda de emociones que causan la ingesta descontrolada de alimentos también pueden contribuir al consumo excesivo e inadecuado de drogas y alcohol. Según los profesionales médicos, los trastornos por consumo de drogas o alcohol y el TDAH pueden estar relacionados.

Estrés crónico

Los síntomas del TDAH pueden ser estresantes. Cuando padeces el trastorno, probablemente tu nivel de estrés sea superior al promedio durante un periodo más prolongado. El estrés puede provocar otros problemas como tensión y dolor muscular, dificultades respiratorias, problemas cardíacos, dificultad para controlar el azúcar en sangre y problemas digestivos.

Problemas para conciliar el sueño

El TDAH puede dificultar el descanso. Incrementa el riesgo de ronquidos, apnea del sueño y síndrome de las piernas inquietas, que produce la necesidad de mover las piernas cuando se está acostado. Además, puede alterar el ritmo circadiano, que es el reloj interno de tu cuerpo. Esto significa que tu sueño está desincronizado con la salida y puesta normales del sol. Como consecuencia, puede costarte despertarte y dormirte a las horas habituales.

Problemas laborales

Si bien cada lugar de trabajo es diferente, en la mayoría de ellos te exigen que llegues a tiempo, que estés atento, concentrado y organizado, y que cumplas con la tarea asignada. Todas estas actividades pueden verse obstaculizadas por el TDAH. El resultado puede ser que no seas capaz de cumplir las expectativas del empleador. Por eso, mantener un trabajo puede resultar complicado.

Dificultades con los plazos

El TDAH puede hacer que te vuelvas olvidadizo y distraído. Por tus problemas de concentración, probablemente también tengas problemas con la gestión del tiempo. No cumplir con los plazos de las tareas del trabajo, los estudios y los proyectos personales son los posibles efectos de todos estos síntomas.

Compras sin control

Comprar artículos simplemente por placer eleva momentáneamente las sustancias químicas que te hacen sentir bien. Pero esto puede tener un precio. Los gastos impulsivos podrían dejarte con la cuenta bancaria vacía o el crédito sin fondos.

Problemas financieros

El incumplimiento de los plazos y la práctica de hábitos de gasto riesgosos son solamente dos comportamientos que incrementan el riesgo de no saldar las deudas a tiempo. Mantener la chequera y los recibos son responsabilidades adicionales que resultan más complicadas cuando los síntomas del TDAH se descontrolan.

Dependencia de las pantallas

Es cierto que el TDAH hace que sea difícil mantener la concentración. Pero el cambio rápido de imágenes, comentarios, gráficos y juegos en los teléfonos celulares, videojuegos y televisores pueden atrapar tu interés. Podría ser complicado apartarte de una pantalla, porque tu cerebro quiere la recompensa que recibe cuando estás ahí.

Disfunciones sexuales

Si presentas síntomas de TDAH mientras tienes relaciones sexuales, puede resultar muy molesto. Te enfrentas al riesgo de perder la concentración hacia tu pareja y hacia el acto en general. Es posible que no puedas completar el trayecto si careces de paciencia. Una vida sexual satisfactoria también necesita una comunicación fluida, lo que podría resultarte difícil.

Dificultades en las relaciones

Las parejas que comparten un diagnóstico de TDAH suelen tener problemas de comunicación, especialmente si los síntomas no están siendo tratados. Cuando tu pareja intenta lidiar con ciertos aspectos de tu personalidad, como los olvidos o la falta de atención, podría parecer que siempre te está fastidiando.

Lagunas emocionales

Una de las formas en las que el TDAH modifica tu cerebro es haciendo que te resulte más difícil controlar tus respuestas ante las situaciones. Es posible que pierdas el control y te enfurezcas o te sientas frustrado. También podría ser la razón por la que te obsesionas con asuntos de tan poca importancia.

2

Diagnóstico del TDAH en los adultos

Aunque no hay una única prueba médica, física o genética para el TDAH, un profesional de la salud mental o un médico calificado que recopile información de varias fuentes pueden ofrecer una evaluación diagnóstica. Entre estas fuentes se incluyen las escalas estandarizadas de calificación de la conducta, las listas de verificación de los síntomas asociados al TDAH, una descripción exhaustiva del funcionamiento pasado y presente, y la información obtenida de seres queridos o compañeros cercanos que estén familiarizados con el tema. Con el fin de descartar un posible problema de aprendizaje, algunos profesionales evalúan las capacidades cognitivas y los logros académicos. El TDAH no se puede diagnosticar con exactitud con una breve visita a la consulta o una simple charla con el paciente. Durante la consulta, puede que el paciente no siempre muestre signos del trastorno; por lo tanto, el profesional debe realizar un historial clínico detallado. A la hora de realizar un diagnóstico, hay que tener en cuenta los trastornos coexistentes.

El DSM-5 (Manual Diagnóstico y Estadístico de los Trastornos Mentales, Quinta Edición), redactado por la Asociación Americana de Psiquiatría, contiene recomendaciones clínicas para diagnosticar el TDAH. Las recomendaciones establecidas suelen aplicarse tanto en la práctica clínica como en la investigación. Durante la evaluación, el médico intentará determinar si estos síntomas siguen presentes en el adulto y si estaban presentes en la infancia. Para ser diagnosticados, los adultos deben presentar al menos cinco de los síntomas. Las manifestaciones de estos síntomas en los adultos suelen ser diferentes de las de los niños porque pueden cambiar con el tiempo.

El DSM-5 identifica tres formas de TDAH: con predominio del déficit de atención, con predominio de hiperactividad/impulsividad y combinado. A continuación, se detallan y clasifican los síntomas de cada una de ellas.

El TDAH se manifiesta principalmente como un comportamiento caracterizado por el déficit de atención

Quienes padecen esta forma de TDAH tienen problemas para mantener la concentración, falta de atención, dificultad para seguir instrucciones, rechazo o aversión a las tareas que requieren un esfuerzo mental sostenido, problemas de organización, pérdida de objetos, facilidad para distraerse y olvido de las actividades cotidianas.

El TDAH se manifiesta principalmente como un comportamiento impulsivo

En este caso actuamos como si nos condujera un vehículo. Con frecuencia, los adultos se sentirán por dentro como si los impulsara algún motor; Hablan demasiado; Responden de manera intempestiva antes de que las preguntas hayan sido contestadas por completo; Dificultad para esperar o respetar turnos; Se entrometen o interrumpen a los demás; Dificultad para permanecer sentados; Agitación extrema en los adultos; En los niños, corren de un lado a otro o trepan de forma excesiva; Problemas para realizar actividades en tranquilamente.

Presentación combinada del TDAH

En estos casos tanto la presentación del TDAH por déficit de atención como la del TDAH hiperactivo-impulsivo son aplicables a una persona. Las manifestaciones de estos síntomas en adultos son diferentes a las de los niños, ya que cambian con el tiempo.

El médico diagnostica el TDAH según la gravedad y el número de síntomas, su duración y la forma en que estos síntomas dificultan el funcionamiento en el hogar, la escuela, el trabajo, con los amigos, la familia, o en otras actividades. Se puede padecer TDAH sin mostrar ningún signo de impulsividad o hiperactividad. El profesional clínico también debe determinar si existen enfermedades coexistentes que provoquen o afecten a estos síntomas.

Algunos de los síntomas han de estar presentes antes de los 12 años. Por lo general, se necesita uno de los padres u otro informante para confirmarlo. El deterioro significativo en al menos dos áreas vitales de la persona es fundamental para diagnosticar el TDAH; es importante destacarlo. El término "deterioro" se refiere a cómo afecta el TDAH a la vida de una persona. Entre los ejemplos de deterioro se incluyen perder el trabajo a causa de los síntomas del TDAH, atravesar una situación de mucho estrés y angustia en el matrimonio, tener dificultades económicas como resultado de gastos impulsivos, no pagar las cuentas a tiempo o estar en período de prueba académica en la universidad debido a las bajas calificaciones. Es posible que una persona no cumpla los requisitos para un diagnóstico de trastorno clínico por TDAH si muestra signos de la enfermedad, pero no supone un impedimento significativo.

Escalas de valoración en línea

Existen muchas páginas web en Internet sobre el TDAH que incluyen diferentes tipos de encuestas y listas de síntomas. La mayoría de estas pruebas no están avaladas ni probadas científicamente; por lo tanto, no deben aplicarse para diagnosticar el TDAH ni en uno mismo ni en otras personas. Únicamente un profesional calificado y legalmente autorizado podrá ofrecer un diagnóstico de confianza.

¿Quién puede diagnosticar el TDAH?

La evaluación diagnóstica del TDAH en adultos debe ser realizada por un médico o un experto en salud mental autorizado. Algunos de estos profesionales son psicólogos clínicos, médicos (psiquiatras, neurólogos, médicos de familia u otro tipo de médicos) o trabajadores sociales clínicos.

Independientemente del tipo de profesional que se elija, es fundamental preguntar acerca de su formación y experiencia en el tratamiento de adultos con TDAH. Un diagnóstico certero y una estrategia de tratamiento eficaz con frecuencia dependen más del nivel de conocimiento y habilidad del profesional sobre el TDAH en adultos que del título profesional específico. Por lo general, los profesionales con las calificaciones necesarias están abiertos a compartir detalles sobre su formación y trabajo con personas que padecen TDAH. La negativa a hacerlo ante preguntas legítimas puede ser vista con desconfianza y ser una señal de que el paciente debería consultar con otro especialista.

¿Dónde puedo encontrar a un profesional con experiencia en diagnóstico de TDAH?

Solicita a tu médico de atención general que te recomiende un profesional de la salud con la formación y la experiencia necesarias para evaluar el TDAH en adultos. También puede resultar beneficioso llamar a un hospital universitario cercano, a una facultad de medicina o a un programa de posgrado en psicología para pedir recomendaciones. Si existe un grupo de apoyo para el TDAH en la región, puede ser útil visitar y hablar con los miembros del grupo. Es probable que muchos tengan experiencia de trabajo con uno o más profesionales de tu vecindario y puedan compartir información con ellos. La mayoría de los planes de seguros incluyen una lista de especialistas por especialización y pueden ayudar a los afiliados a sus planes a localizar un profesional médico. El directorio de profesionales de CHADD (Organización sin fines de lucro al servicio de las personas afectadas por el TDAH, Niños y adultos con trastorno por déficit de atención con hiperactividad), es uno de los numerosos sitios web que identifican a los proveedores de servicios para el TDAH.

¿Cómo sé si necesito una evaluación por TDAH?

La mayor parte de los adultos que solicitan una evaluación por TDAH presentan serios problemas en uno o varios aspectos de la vida cotidiana. Entre los problemas más comunes se encuentran el rendimiento irregular en carreras o trabajos; la pérdida o el abandono frecuente del trabajo; un historial de bajo rendimiento académico y profesional; la falta de capacidad para gestionar las responsabilidades cotidianas, como finalizar las tareas domésticas, las tareas de mantenimiento, pagar las facturas u organizar las cosas; las dificultades en las relaciones como consecuencia de no completar las tareas; el olvido de detalles importantes o el enojarse fácilmente por cosas sin importancia; así como el estrés y la preocupación crónicos.

Un especialista puede determinar si estos problemas se deben al TDAH, a otro factor o a una combinación de factores. Aunque ciertos signos del TDAH son visibles ya en la infancia, es posible que algunas personas no presenten problemas graves hasta mucho más tarde. En algunos casos, por ejemplo, las personas superdotadas pueden no manifestar los síntomas del TDAH y no tener problemas graves hasta que están en la escuela secundaria, en la universidad o en el mercado laboral. En otros casos, es posible que los padres hayan proporcionado un entorno extremadamente seguro, ordenado y de apoyo, reduciendo los efectos de los síntomas del TDAH hasta que el niño o el adulto joven haya empezado a vivir de forma independiente.

¿Qué debo hacer para prepararme de cara a la evaluación?

La mayor parte de las personas sienten cierta ansiedad e inquietud antes de someterse a una prueba de cualquier tipo de afección, como el TDAH. Esto es habitual y no debería disuadir a las personas de someterse a las pruebas si creen que podrían tener TDAH o están teniendo problemas graves.

Desafortunadamente, muchas personas se resisten a buscar ayuda debido a algunos de los conceptos erróneos generalizados sobre el TDAH, como la idea de que "únicamente afecta a los niños" o de que "la persona solo está buscando una excusa".

La revisión de antiguos boletines de calificaciones y otros registros educativos del jardín de infancia o preescolar puede ser valiosa para muchos profesionales. Si se tiene acceso a esos documentos, sería bueno llevarlos a la primera consulta. También hay que llevar a la consulta copias de los resultados de pruebas de evaluaciones psicológicas anteriores. Las evaluaciones laborales de las personas que tienen problemas en el trabajo deberían llevarse para su revisión si se puede acceder a ellas.

Antes de la evaluación, muchos expertos pedirán al paciente que rellene y envíe cuestionarios y que nombre a un cónyuge u otro familiar que también pueda participar en ciertos aspectos de la evaluación. La evaluación será más rápida si los cuestionarios se rellenan y devuelven a tiempo.

¿Qué es una evaluación integral?

Para realizar una evaluación completa son necesarios ciertos procedimientos, aunque distintos médicos utilizarán métodos y procedimientos de prueba algo diferentes. Entre ellos se encuentran las listas de comprobación de síntomas del DSM-5 (Manual diagnóstico y estadístico de los trastornos mentales), las escalas estandarizadas de calificación de la conducta para el TDAH, una entrevista diagnóstica minuciosa, información de fuentes independientes como la pareja u otros familiares y otros tipos de pruebas psicométricas que el médico considere necesarias. A continuación, profundizaremos en ellas.

La entrevista de diagnóstico – Signos del TDAH

En una entrevista estructurada o semiestructurada, que constituye el componente más importante de una evaluación exhaustiva del TDAH, se realiza un análisis en profundidad de la historia de la persona. El entrevistador emplea un conjunto predeterminado y estandarizado de preguntas para aumentar la confiabilidad y reducir la probabilidad de que un nuevo entrevistador llegue a una conclusión diferente. El médico abarca muchos temas, explica en detalle las cuestiones pertinentes y hace preguntas de seguimiento para garantizar que se cubran todos los temas importantes. El examinador revisará los estándares diagnósticos del TDAH y evaluará cuántos de ellos, tanto los actuales como los que se remontan a la infancia, son aplicables al paciente. Durante la entrevista también se determinará hasta qué punto estos síntomas del TDAH afectan la vida de la persona.

Detección de otros trastornos psiquiátricos durante la entrevista de diagnóstico

El médico también realizará una evaluación exhaustiva para comprobar si existen otras afecciones psiquiátricas similares al TDAH o que a menudo coexisten con él. Los estudios han indicado que más de dos tercios de las personas con TDAH presentan una o más afecciones coexistentes, ya que el TDAH raramente se da solo. Entre las más frecuentes se encuentran los trastornos por consumo de sustancias, las dificultades del aprendizaje, los trastornos de ansiedad y la depresión. Varios de estos trastornos tienen síntomas parecidos al TDAH y hasta pueden confundirse. Como parte de una evaluación exhaustiva, se analizan los trastornos coexistentes. Cuando coexisten con el TDAH, hay que identificar y tratar cualquier trastorno simultáneo. Un tratamiento inadecuado de las enfermedades coexistentes se traduce a menudo en un tratamiento inadecuado del TDAH. Cabe destacar que no reconocer esto podría llevar a un tratamiento inapropiado del TDAH en el paciente si los síntomas del TDAH son un efecto secundario de la depresión, la ansiedad u otra enfermedad mental. En otras instancias, el manejo del TDAH se encargará del trastorno secundario y eliminará la necesidad de manejarlo por separado del TDAH.

Además, el especialista puede preguntar sobre el historial médico del paciente, su desarrollo en la infancia, sus experiencias académicas y profesionales, su historial de manejo, su historial de abuso de drogas y alcohol, su estado familiar y marital, y su historia social. Buscará patrones típicos de las personas con TDAH y tratará de identificar las posibles causas de los síntomas que se parecen al TDAH.

Participación de los miembros de la familia

El médico deberá entrevistarse con una o varias fuentes independientes, por lo general un pariente cercano (cónyuge, padre, pareja o familiar) que esté familiarizado con el paciente. Con este proceso no se pretende poner en duda la sinceridad del individuo, sino más bien obtener más detalles. Muchas personas adultas con TDAH poseen recuerdos borrosos o incompletos, sobre todo de la infancia. Es posible que recuerden ciertos detalles, pero quizá no recuerden su diagnóstico o los problemas a los que se enfrentaban. Por ello, el médico podría pedir a la persona evaluada que sus padres rellenen una descripción retrospectiva del comportamiento durante la infancia.

Puede que muchos adultos con TDAH apenas sean conscientes de cómo sus conductas afectan a los demás y a sí mismos. Para las parejas casadas o que viven juntas, será muy positivo que el profesional clínico les entreviste de forma conjunta cuando examine los síntomas del TDAH. Este abordaje sienta las bases para la mejora de la relación cuando el proceso de diagnóstico se haya completado, ya que ayuda a la pareja o cónyuge que no padece TDAH a desarrollar una comprensión adecuada y una actitud comprensiva hacia el impacto de los síntomas del TDAH en la relación. Si resulta imposible entrevistar a los miembros de la familia, una buena alternativa es pedirles que completen listas de control de síntomas.

Algunos adultos con TDAH experimentan una frustración y una vergüenza extremas a causa de los continuos problemas derivados de su trastorno. Es esencial que la persona que está siendo evaluada comparta estos problemas de forma abierta y honesta, y que no oculte información por vergüenza o por miedo a reacciones negativas. La precisión de la información presentada al especialista influirá en gran medida en la calidad de la evaluación y en la exactitud del diagnóstico y las sugerencias para el tratamiento.

Métodos estandarizados para la evaluación del comportamiento

En una evaluación a fondo se pueden emplear una o varias medidas estandarizadas para evaluar el comportamiento. Para estas preguntas se utilizan investigaciones en las que se comparan las conductas de quienes padecen TDAH y los que no lo padecen. Aunque los resultados de las escalas de calificación no se consideran diagnósticos en sí mismos, constituyen una fuente crucial de datos concretos utilizados en el proceso de evaluación. La mayoría de los terapeutas piden al paciente evaluado y a sus allegados que completen estas medidas de calificación.

Otras pruebas

Dependiendo de la persona y de los problemas que se traten, es posible que sea necesario realizar pruebas adicionales psiquiátricas, neuropsicológicas o de dificultades del aprendizaje. Aunque no permiten diagnosticar con precisión el TDAH, sí pueden ofrecer información valiosa sobre cómo afecta al individuo. La presencia y las consecuencias de enfermedades coexistentes también pueden constatarse mediante pruebas. El profesional clínico, por ejemplo, normalmente realizará una prueba de capacidad intelectual y una prueba de rendimiento académico para determinar si la persona tiene un problema de aprendizaje.

Examen corporal

Se aconseja un examen médico para descartar que los síntomas tengan una explicación médica si el evaluado no se ha sometido a un examen físico reciente (en los últimos 6 a 12 meses). Los síntomas de otros trastornos médicos, como problemas de tiroides y trastornos convulsivos, podrían asemejarse a los del TDAH. Aunque un examen médico no puede probar el TDAH, es fundamental para ayudar a descartar otros trastornos o problemas.

Finalización de la evaluación

Luego de realizada la evaluación, se confeccionará un resumen o informe escrito, y el especialista clínico les dará a la persona y a su familia sus opiniones diagnósticas sobre el TDAH y cualquier otro trastorno psiquiátrico o problema de aprendizaje que pudiera haberse descubierto durante la evaluación. Después de revisar las opciones de tratamiento, el profesional clínico trabajará con el paciente para desarrollar una estrategia de intervención médica y psicosocial que sea efectiva. A continuación, el profesional consultará a los médicos de atención primaria del paciente según resulte necesario.

Estrategias para encontrar al profesional médico adecuado

El TDAH puede hacer que a las personas les resulte difícil concentrarse y regular su comportamiento. Se trata de uno de los trastornos crónicos más frecuentes en los niños y afecta a entre el 3% y el 5% de la población.

¿Por dónde empezar si tú o tu hijo padecen TDAH y necesitan la ayuda de un especialista? Hay muchas variedades de especialistas, cada uno con un campo específico de especialización. Estos son algunos consejos para encontrar al candidato ideal para ti.

Cómo elegir un especialista en TDAH con el cual ponerse en contacto

Primero, pide una recomendación a tu médico de atención primaria. Probablemente dispondrá de una lista de expertos que conozcan a fondo el TDAH y puedan ayudarte a tratarlo.

Hay varias posibilidades para encontrar un especialista si no tienes un médico de cabecera o quieres considerar otras opciones. Para comenzar, busca en Internet. En numerosos directorios de médicos encontrarás información sobre especialidades y áreas de interés. Otra alternativa es pedir recomendaciones a amigos o familiares. Es posible que ellos estén familiarizados con un experto que les haya atendido o conozcan a alguien que lo haya hecho.

Por último, llama al centro de salud mental o al grupo de apoyo al TDAH de tu barrio. A menudo incluyen una lista de expertos locales que podrían ayudarte.

Con independencia de cómo localices al profesional a tratarte, hablar con varios antes de elegir uno es decisivo. Pregunta sobre su experiencia en el tratamiento del TDAH, sus técnicas y los resultados que han obtenido. Es fundamental que te sientas cómodo con el experto y que conozca tus necesidades. Con el profesional adecuado podrás obtener la ayuda que necesitas para controlar tu TDAH.

Eficacia del tratamiento del TDAH

Los tratamientos para el TDAH pueden ser útiles para aliviar los síntomas y mejorar el rendimiento. El tratamiento más ampliamente investigado para el TDAH es la medicación a base de estimulantes, que demostró ser beneficiosa para aliviar los síntomas entre el 70% y el 80% de los usuarios.

Además de la medicación, tratamientos como la terapia conductual pueden ser eficaces para tratar los síntomas del TDAH. Las personas que padecen TDAH se someten a técnicas de terapia conductual para ayudarles a controlar sus síntomas. Puede ser eficaz para dominar los impulsos, agilizar las tareas y fomentar el autocontrol.

La duración promedio del tratamiento del TDAH es de varios meses a años. Es muy importante trabajar con un especialista, porque puede controlar los síntomas y ayudarte a identificar la mejor forma de actuar para ti o para tu hijo. Los pacientes con

TDAH pueden llevar una vida normal si reciben el tratamiento adecuado.

Diferentes tipos de especialistas en TDAH

Hay varios tipos de especialistas que pueden ayudar a tratar el TDAH. Estos son algunos ejemplos:

- **Neuropsicólogos** - Los neuropsicólogos son expertos en identificar y tratar problemas relacionados con el cerebro. Pueden ayudar a quienes padecen TDAH a reconocer y controlar sus síntomas.

- **Psicólogos clínicos** - Los psicólogos clínicos son especialistas en el tratamiento de enfermedades mentales a través de la terapia. Ayudan a las personas con TDAH a controlar sus síntomas y a aprender mecanismos de afrontamiento.

- **Coaches de TDAH** - Estos profesionales están capacitados para ayudar a quienes padecen el trastorno a manejar sus síntomas y alcanzar sus objetivos. Te pueden ayudar a no desviarte de tus objetivos ofreciéndote consejos, ánimo y apoyo.

- **Pediatras** - Los pediatras tratan el TDAH en niños y son expertos en la salud de los jóvenes. También pueden sugerir profesionales médicos que pueden ser de ayuda en el tratamiento del TDAH en adultos.

- **Médicos especialistas** – Hay una variedad de especialistas disponibles para ayudar a tratar el TDAH. Los médicos pediatras del desarrollo, los neurólogos, y los psiquiatras son algunos ejemplos. Es crucial hablar con varios expertos antes de decidirse por uno.

¿Quién debe diagnosticar el TDAH?

Por lo general, la persona más indicada para diagnosticar el TDAH es un psiquiatra u otro experto en salud mental especializado en este trastorno. No obstante, el diagnóstico también puede realizarlo el médico de cabecera.

Es crucial obtener un diagnóstico preciso para recibir la mejor atención. Habla con tu médico o experto en salud mental si crees que tú o tu hijo pueden tener TDAH. Ellos podrán ayudarte a establecer la situación y si el TDAH representa el diagnóstico adecuado.

Si tengo TDAH ¿Debo consultar a un psiquiatra o a un psicólogo?

El tratamiento más adecuado para el TDAH varía de una persona a otra, por lo que no existe una respuesta universal a esta pregunta. Hay una percepción errónea de que solo los psicólogos proporcionan tratamiento y los psiquiatras simplemente administran medicación. Sin embargo, esto no es cierto.

Un psiquiatra puede recomendar asesoramiento y medicación a las personas que padecen TDAH. O bien, la persona puede visitar a un psiquiatra (para recibir tratamiento y medicamentos) y a un psicólogo (únicamente para recibir terapia). Los asistentes sociales son uno de los ejemplos de profesionales del ámbito de la salud mental que pueden ofrecer tratamiento.

Si no estás seguro de a quién acudir, habla con tu médico de cabecera o con un profesional de la salud mental. Ellos podrán ayudarte a elegir al mejor profesional de acuerdo a tus necesidades.

¿Cómo elijo a un psicólogo especializado en TDAH?

Es muy importante encontrar un psicólogo con conocimientos sobre el TDAH y con experiencia en el tratamiento de este trastorno cuando busques a alguien que te ayude con tu enfermedad. Puedes consultar en Internet o en directorios médicos, o pedirle a tu médico habitual que te recomiende a uno.

Tienes que sentirte cómodo trabajando con el psicólogo que elijas. Deberías tener confianza en él y sentir que comprende tu situación y quién eres. Intenta buscar otro psicólogo si crees que éste no es el adecuado. Deberás poder encontrar a un especialista eficiente porque hay muchos que se especializan en el tratamiento del TDAH.

Cómo encontrar un entrenador de TDAH

Si necesitas ayuda para controlar el TDAH, quizás deberías pensar en trabajar con un entrenador para el TDAH. Los entrenadores tienen una capacitación especial para ayudar a los pacientes con TDAH a controlar sus síntomas y lograr sus objetivos.

Encontrar un entrenador que se adapte a ti es crucial, ya que hay muchos tipos diferentes de entrenadores. Puedes encontrar un entrenador en Internet o a través de directorios profesionales. También es fundamental hablar con varios entrenadores antes de elegir a uno.

Para controlar mejor el TDAH, a algunas personas les puede resultar útil trabajar con entrenadores. Ellos pueden ayudarte a no desviarte de tus objetivos ofreciéndote consejo, ánimo y apoyo.

Cómo ayudar a alguien a encontrar un especialista en TDAH

Puedes hacer algunas cosas para ayudar a otra persona a encontrar el mejor médico si estás buscando un especialista para ella.

Habla con la persona acerca de sus necesidades y demandas de un especialista. Ayúdale a buscar entre varios profesionales médicos y a preguntarles por su experiencia con el TDAH; si puedes, acompáñala a las consultas con los especialistas adecuados.

Anímales a seguir buscando hasta que encuentren al médico que mejor se adapte a ellos.

Puede resultar difícil encontrar el especialista adecuado para el TDAH, pero es importante obtener la atención apropiada. Con el apoyo necesario, podrás controlar con éxito los síntomas del TDAH.

3

Estrategias para el control de las emociones

Quien haya escuchado hablar del trastorno por déficit de atención e hiperactividad (TDAH) sabrá que las personas que lo padecen tienen dificultades para concentrarse y gestionar su atención. Lo que no es tan comúnmente conocido es que el TDAH también dificulta la regulación de las emociones, lo que en psicología se denomina desregulación emocional.

Según los estudios clínicos, la desregulación emocional afecta hasta al 70% de las personas con TDAH. Cerca de la mitad de las personas con TDAH reciben tratamiento para la depresión en algún momento, y más del 50% padecen algún trastorno de ansiedad. El TDAH también suele ir acompañado de ataques de ira abruptos e incontrolados.

Comencemos por responder a la pregunta más elemental antes de hablar de cómo tratar la desregulación emocional: ¿Qué significa exactamente "regulación emocional"? Una persona puede evitar reaccionar de forma exagerada ante situaciones de gran carga emocional mediante la gestión emocional. Esto permite a las personas controlar sus estallidos emocionales y reaccionar ante acontecimientos difíciles de forma más consciente y calmada. La capacidad de regular las emociones le permite a una persona cambiar su estado emocional para hacerlo más favorable al cumplimiento de sus objetivos.

Por otra parte, la desregulación emocional consiste en la incapacidad de adecuar las propias emociones a los distintos objetivos. Consideremos a John, un oficinista, como una persona que está luchando por un ascenso. Es posible que su jefe dude en ofrecerle más responsabilidades si con frecuencia pierde la calma en las reuniones. John obtendrá mejores resultados si emplea técnicas de regulación emocional para controlar su ira y hacer frente a los síntomas del TDAH.

No es de sorprender que la desregulación emocional en adultos con TDAH esté relacionada con una amplia gama de deficiencias funcionales. Según las investigaciones, las personas que tienen problemas para controlar sus emociones son más susceptibles a hacerse daño a sí mismas o a los demás. Además, es más probable que fracasen en los estudios, se divorcien, cometan delitos, ocasionen accidentes y tomen malas decisiones financieras.

¿Qué es lo que causa la desregulación emocional en los adultos con TDAH?

En pocas palabras, el córtex prefrontal tiene una función primordial en el control de las emociones. Desafortunadamente, el córtex prefrontal no funciona tan bien en los adultos con TDAH como en los individuos neurotípicos. Una metáfora común es decir que las personas con TDAH tienen un cerebro de Ferrari y frenos de bicicleta. Es decir, al cerebro que padece TDAH le resulta fácil acelerar, pero difícil desacelerar.

Los síntomas del TDAH y algunos síntomas de los trastornos del estado de ánimo son similares. Por ejemplo, a quienes padecen TDAH y depresión clínica les resulta difícil empezar una tarea. De acuerdo con algunos investigadores, las alteraciones en áreas cerebrales específicas (como la amígdala y el córtex prefrontal) podrían contribuir a la desregulación emocional y a otros síntomas del TDAH.

Los efectos de los síntomas del TDAH que no se tratan también pueden provocar o empeorar los problemas emocionales. Por ejemplo, un adulto con TDAH que no ha desarrollado habilidades de funcionamiento ejecutivas puede ocasionalmente olvidarse de los plazos. El estrés surge naturalmente por los posibles resultados, que van desde no aprobar un curso universitario hasta recibir una mala evaluación del rendimiento en el trabajo. Estos resultados pueden aumentar el nivel de ansiedad de una persona con TDAH por encima de lo que puede controlar. La sensación de autoestima de una persona puede resultar perjudicada por la repetición de resultados negativos, lo que también puede conducirla a la frustración y la depresión.

Cómo regular las emociones con el TDAH

Según estudios preliminares, aquellos pacientes que reciben terapia y se centran específicamente en sus problemas de desregulación emocional suelen obtener mejores resultados. A continuación, presentamos diez técnicas de control emocional para adultos con TDAH. Recomendamos consultar con un especialista en TDAH mientras se prueban estas técnicas y se determina cuáles son las más eficaces para cada persona.

Aprende a controlarte

Contrólate tanto en circunstancias neutras como emocionales. ¿Con qué rapidez reaccionas? ¿Cómo describirías tus sentimientos? ¿Tu reacción te ayuda a conseguir tus objetivos? ¿Tienes por lo general una disposición neutra, o de vez en cuando te muestras irritable?

El autocontrol es el primer paso para gestionar adecuadamente la desregulación emocional, porque muchas personas con esta afección tienen problemas para identificar sus sentimientos.

Mantén tu bienestar físico

Por lo general, las consecuencias de la falta de sueño en los adultos son subestimadas, a pesar de que todo el mundo comprende que un niño cansado es un niño irritable. Los adultos a menudo ocultamos nuestros sentimientos. Sin embargo, cuando tenemos sueño, hambre, calor, frío, estamos enfermos, etc., nos ponemos tan irritables por dentro como los niños pequeños.

Descansa lo suficiente, ejercítate con frecuencia y vigila lo que comes. Manteniendo una buena salud física puedes mejorar tu salud psicológica y tu capacidad para manejar el estrés.

Aprende mecanismos de afrontamiento y habilidades para el TDAH

De acuerdo con las investigaciones, la capacidad de una persona para controlar sus emociones mejora a medida que lo hacen sus síntomas de TDAH. Si lo piensas, esto tiene sentido. Cuando los síntomas del TDAH dejen de interferir en tu vida, habrá menos motivos para enojarte.

Esfuérzate al máximo para reducir la carga emocional que el TDAH supone en tu vida.

Aférrate a la realidad

Con frecuencia tenemos pensamientos negativos cuando estamos estresados. Nos obsesionamos con cosas negativas que ocurrieron en el pasado y nos preocupamos por el futuro. Al centrarte en el aquí y el ahora, podrás evitar dejarte llevar por estos pensamientos negativos.

La próxima vez que notes que te obsesionas con el pasado o el futuro, concentra tu atención en tus cinco sentidos y en el entorno que te rodea. Utiliza una meditación guiada o una técnica de apoyo. Tal vez quieras empezar una práctica diaria de mindfulness para evitar que los pensamientos y emociones negativas e incontrolables se te acumulen en el futuro.

Desafía los pensamientos negativos

Los pensamientos negativos te pueden hacer sentir infeliz y ansioso incluso cuando no coinciden con la realidad. Es fundamental cuestionar los pensamientos negativos en cuanto aparecen.

Por ejemplo, si tu amigo no responde a tu mensaje inmediatamente, no pienses que está enojado contigo. Piensa en si está ocupado o si tiene que cambiar la batería del teléfono. Por lo general, es una buena idea creerle a alguien cuando dice algo relacionado con el control emocional.

Uso de medicamentos

Aunque todavía queda mucho por aprender, las primeras investigaciones indican que la medicación puede ayudar con la desregulación emocional. El tratamiento de los síntomas del TDAH con medicación de tipo estimulante permite mejorar el bienestar emocional, ya que los síntomas del TDAH que no se tratan pueden aumentar el estrés que una persona tiene que manejar. Además, algunos psiquiatras aconsejan utilizar ISRS (inhibidores selectivos de la recaptación de serotonina) u otros medicamentos reguladores del estado de ánimo para tratar los problemas emocionales de forma inmediata. Para encontrar fármacos que traten tus síntomas específicos, consulta con un profesional de la psiquiatría y especialista en TDAH.

Programa algunas actividades que te inspiren

Con frecuencia, la capacidad de una persona para controlar su estado de ánimo es superada por una combinación de factores estresantes y no por uno solo. Existe un límite en la cantidad de estrés que una persona puede soportar antes de perder la calma.

Prepárate para el éxito incluyendo actividades que te ayuden a sentirte renovado en lugar de dejar que el estrés y las decepciones se acumulen. Planea una actividad relajante o dedica media hora cada noche si padeces TDAH y ansiedad. Si la depresión ha hecho que te sientas decaído, da un breve paseo matutino, escucha un podcast motivacional o realiza cualquier otra actividad energizante.

Considera tus opciones antes de actuar (o "haz lo contrario" a tu primer impulso)

Si bien actuar en función de tus emociones cuando estás emocionalmente cargado puede acarrearte complicaciones, todos los sentimientos son naturales y válidos. Lo ideal es que, antes de responder a lo que te preocupa, te tomes un momento para ordenar tus pensamientos, relajarte y considerar tus objetivos. Sin embargo, si padeces TDAH, puede parecerte imposible esperar antes de reaccionar.

Te recomiendo que tengas en cuenta nuestro método de "hacer lo contrario" si debes actuar de inmediato. Realiza cualquier acción totalmente contraria a tu instinto emocional inicial. Por ejemplo, hazle la señal de la paz a la mujer que te cortó el paso en el tráfico en vez de maldecirla. Aunque pueda parecer una tontería, a muchas personas les ha funcionado bien esta táctica.

Desarrolla tu destreza en algo

Este método funciona a la perfección en pacientes con TDAH que padecen depresión o sensación de impotencia. Hacer lo que te gusta te ayuda a sentirte más seguro de ti mismo y a valorarte. Si haces lo que amas, levantarás el ánimo y fortalecerás tu entereza. Te resultará más fácil manejar los contratiempos cuantos más "momentos de dominio" tengas.

Distánciate emocionalmente de las situaciones difíciles

Una nueva perspectiva puede ayudar a que los acontecimientos emocionales pierdan algo de su impacto emotivo. Prueba a dejar más espacio entre tú y los estímulos emocionales para emplear este método. Por ejemplo, si la discusión en la mesa de al lado te está dificultando estudiar, cámbiate a una mesa más alejada.

El distanciamiento también puede hacerse hacia el futuro, por ejemplo, imaginándote cómo te reirás de un incidente vergonzoso cuando lo cuentes. También podrías ponerte a una distancia objetiva. Por ejemplo, puedes pensar en cómo respondería uno de tus mejores y más sensatos amigos si estuviese presente y viese cómo te maltratan.

Por qué debes tomar conciencia de tu TDAH para actuar, avanzar y progresar

Si te esfuerzas por aceptar quién eres, cómo piensas y qué es lo que hace funcionar a tu cerebro con TDAH, desbloquearás un gran poder y productividad. Descubre cómo aprovechar al máximo tus puntos fuertes y desarrollar los planes que necesitas para completar las tareas.

Deseamos que las cosas cambien, y que lo hagan sin ningún esfuerzo persistente por nuestra parte. O bien luchamos contra nuestro cerebro con TDAH, negando y resistiéndonos a las realidades de toda la vida acerca de nuestro rendimiento y de nuestro fracaso. O pensamos demasiado las cosas hasta tal punto que creemos que realmente lo hemos hecho. El hecho de saber lo que hay que hacer no lo convierte en realidad. La dificultad central del TDAH es la transición del conocimiento a la acción.

Entonces, ¿cuáles son los factores que desencadenan un cambio y un avance auténticos? El reconocimiento (en lugar de la lucha) de las diferencias causadas por el TDAH y la aceptación de quiénes somos. Potenciar al máximo nuestras habilidades y crear soluciones cuando sea necesario es más fácil si aumentamos la conciencia y la aceptación de nosotros mismos (¡el poder del potencial y de la elección!).

Entender y utilizar nuestros procesos de pensamiento es esencial para elaborar estrategias y actuar de forma productiva. Mientras más comprendamos el proceso de cambio, más sencillo nos resultará. Aquí tienes algunas formas de empezar el proceso.

La honestidad es el primer paso para ser consciente de uno mismo ante el TDAH

Hacer una lista de tus fortalezas y debilidades, incluyendo quién eres y quién no eres, qué es lo que probablemente hagas o no, y cómo funcionas en comparación con cómo desearías funcionar, es lo primero que hay que hacer para desarrollar la autoconciencia. Si no eres consciente de ti mismo, corres el riesgo de crearte una vida o actuar de un modo que no te funcione. Saber quién eres y cómo funcionas (o no) puede ayudarte a crear tácticas para maximizar tus habilidades y compensar tus problemas con el TDAH. Puedes actuar para disminuir tus desencadenantes de la frustración si los conoces. Cuando sabes lo que te da energía, podrás organizar un momento para ello.

Angie se sintió frustrada porque le costaba mucho integrar el ejercicio en su jornada laboral. Entonces decidió ir al gimnasio todos los días a primera hora. Aunque la idea era estupenda, no podía ser mantenida por alguien a quien a menudo le costaba levantarse de la cama y llegaba tarde al trabajo. Se inscribió en una clase de entrenamiento después del trabajo, pero solía saltársela debido al agotamiento que le producía su trabajo. Pensó entonces en opciones más sensatas. Salir de la oficina para ir a una clase de yoga a mediodía, lo que la ayudaría a concentrarse y a sentirse con más energía después. Asistiría a yoga con sus compañeros de trabajo porque sería una actividad social, lo que le facilitaría mantener el compromiso.

Practica la auto aceptación del TDAH

Aunque algunos aspectos de ti mismo no te gusten, aceptar quién eres y tus pensamientos y comportamientos incrementará tu productividad.

Establece un espacio en el que no haya juicios y abandona tus expectativas sobre ti mismo. Eres una mezcla singular de tu personalidad, antecedentes, TDAH, trastornos de aprendizaje, coeficiente intelectual, genética, origen, habilidades y entorno. Cuando nos aceptamos a nosotros mismos tenemos menos tendencia a reaccionar y podemos actuar mejor. Libérate de la trampa de la autocrítica y la culpa. En vez de permitirnos avanzar, la culpa nos mantiene atrapados en una red de fracasos y remordimientos. Según los estudios, quienes se aceptan a sí mismos son más felices y tienen más éxito.

Reconoce tu capacidad para tomar decisiones

La aceptación de nuestras dificultades no nos impide realizar cambios. Deja de pensar como una víctima. La biología, la historia, el entorno, las experiencias u otras personas podrían agravar nuestras dificultades, pero siempre podemos elegir cómo reaccionar. Hay que pensar en lo que podemos hacer y no en lo que no podemos. Es posible que tengas que encontrar una solución a un reto, pero al cerebro con TDAH eso se le da muy bien.

Ten fe en tu capacidad para pensar de forma diferente

¿Tus creencias tienen alguna restricción? Al evaluar una circunstancia o tus habilidades, ¿eres realista? Comprueba tu perspectiva. Nunca confíes en tu primer impulso. El drama apela al cerebro. Para nosotros, todo debe ser perfecto o inútil, todo o nada.

Juan estaba teniendo problemas en la universidad. Aplicó las técnicas que le indicamos y cambió algunos de sus hábitos, pero su rendimiento académico siguió siendo el mismo. Al preguntarle si creía que podría tener éxito, respondió negativamente. Juan sentía que no podía cambiar, lo que le ponía en un aprieto. Sus calificaciones y la confianza en sí mismo comenzaron a incrementar a medida que intentaba cambiar su forma de pensar.

Crea una hoja de ruta para tu cerebro

Haz que tus objetivos sean específicos y confía en tu capacidad para cambiar tu vida. Hay menos probabilidades de que completes alguno de tus objetivos si intentas cumplir demasiados a la vez. Aunque te alegres de tu capacidad para realizar varias actividades a la vez, no puedes cazar dos conejos simultáneamente.

Aaron, un nuevo cliente mío de coaching, había modificado sus ciclos de sueño y vigilia y estaba contento de seguir un plan para mejorar su productividad, pero le irritaban sus intentos de "dominar el tiempo". Después de un tiempo de funcionar, se sentía agotado. ¿Por qué? Trataba de adoptar comportamientos que no eran compatibles con su cerebro con TDAH. Juntos, buscamos opciones más prácticas para ayudarle a ajustar lo que quería (como crear "espacios en blanco" en su calendario diario para actividades imprevistas o de tiempo libre). Su ciclo de sueño/vigilia cambió gradualmente y logró adaptarse. Dispuso de tiempo suficiente para que estas nuevas acciones formaran parte de él. ¡Menos es más!

¡Planifica tu enfoque hacia el éxito!

Los cambios se producen cuando los objetivos son claros, las metas alcanzables y las soluciones precisas y realistas. Comienza diciendo: "Saldré de casa a las 8:15 todas las mañanas para llegar relajado y puntual al trabajo", en lugar del: "Voy a dominar el tiempo" del ejemplo de Aaron.

Mientras más te entiendas a ti mismo, más fácil te resultará crear mecanismos de afrontamiento del TDAH que sean amigables con tu cerebro. Piensa que cada tarea requiere dos conjuntos diferentes de tácticas. El primer paso es reunir los recursos, consejos y métodos necesarios para completar la tarea; el segundo es animarte a terminarla.

¡Actúa!

Piensa en lo que podría impedirte actuar, ya se trate de circunstancias externas o de preocupaciones internas (autocrítica negativa, evasión, dudas, falta de entusiasmo o convicción). Planifica un plan alternativo y siempre sé amable contigo mismo. Si conoces y comprendes cómo funciona tu cerebro con TDAH, podrás completar mejor las tareas.

Pedido de ayuda

Querido compañero de viaje en la travesía del TDAH,

Antes de que pasemos al siguiente capítulo, quiero felicitarte por tu valentía al buscar ayuda y apoyo para afrontar las dificultades particulares que conlleva este trastorno. Al aceptar tu situación y emprender la búsqueda activa de conocimientos, estás dando un gran paso hacia la realización de tu potencial y el logro de una vida satisfactoria.

Te invito a compartir tus experiencias y conocimientos con otras personas con TDAH. Quienes deseen ganar control emocional, aumentar la productividad, establecer conexiones significativas y prosperar personal y profesionalmente, podrán utilizar tus experiencias y conocimientos como un faro.

Dejando una reseña sincera de este libro, te convertirás en una fuente de inspiración para otros exploradores del camino del TDAH. Tus comentarios tienen el poder de inspirar y motivar a otros, al demostrarles que, a pesar de padecer TDAH, también pueden prosperar y alcanzar el éxito.

Comparte las técnicas que más han conectado contigo, los momentos de inspiración que has tenido, y el asombroso progreso que has logrado en el control emocional, el aumento de la productividad, la mejora en tus relaciones y la obtención del éxito. Tu reseña puede inspirar a las personas a aprovechar sus habilidades, superar obstáculos y vivir lo mejor posible con el TDAH, brindándoles esperanza y consejos.

Colaboremos para crear una comunidad de aceptación de personas con TDAH comprometidas a prosperar y hacer sus sueños realidad.

Es tan sencillo como escribir una reseña, una acción que solo requiere unos instantes pero que tendrá un gran impacto.

Te agradezco que compartas tu experiencia, sabiduría y sugerencias. Te deseo una fortaleza ilimitada, resiliencia y grandes logros mientras navegas la vida con TDAH y aprovechas al máximo tu potencial.

Muchas gracias,

Eric Holt

4

Incrementar la productividad cuando se padece TDAH

Creamos una lista de consejos y métodos para aumentar la productividad, mejorar el estado de ánimo, mejorar el descanso y combatir la postergación. Comencemos de inmediato.

Cómo mejorar la productividad

- **Calendario de pared** - Un calendario de pared con borrador en seco resulta útil para organizar la agenda. La falta de claridad horaria se atenúa en gran medida escribiendo las citas y los plazos en colores llamativos y tachando cada día transcurrido.

- **Utiliza el color** - Las personas con TDAH suelen aprender visualmente. Destaca las fechas importantes, colorea los documentos, anota las tareas pendientes en papel de colores y agrega calcomanías o colores a prácticamente todo lo que requiera tu atención para hacer que las cosas queden grabadas en tu mente. También puedes utilizar la codificación por colores en Google Calendar para destacar los elementos.

- **Organiza las tareas -** ¿Tienes un objetivo o una fecha de entrega? Durante el proceso, establece plazos más cortos. Esto puede hacerte sentir más seguro y menos estresado.

- **Prueba la Técnica Pomodoro -** Comienza a trabajar en tu proyecto, programa el temporizador durante 20 minutos y para. Descansa 5 minutos, después de 20 minutos de trabajo y vuelve a repetirlo. Marca cada ciclo que completes.

- **Reencuadre -** Reencuadra las tareas de una forma constructiva o más práctica para combatir los hábitos mentales negativos. Por ejemplo, si estás posponiendo el inicio de un proyecto y tu pensamiento inicial es: "Hay demasiado trabajo por hacer; me llevará mucho tiempo", intenta replanteártelo con un pensamiento menos pesimista y más realista como: "Si empiezo esto hoy, me sentiré muy bien y mañana habrá menos trabajo."

- **Zona activa 24 horas -** Aparta un espacio, como tu puesto de trabajo, en el que puedas hacer un seguimiento de tus "tareas pendientes". Todo lo que requiera tu atención en las próximas 24 horas debe ser colocado allí para evitar que se pierda.

- **Notas de bolsillo -** Escribir cosas importantes en

notas y colocarlas en el bolsillo es una alternativa más segura que hacerlo en la mano. Asegúrate de que estén en tu bolsillo lateral predominante para que sea más probable que metas la mano y recuperes tus recordatorios.

- **Smartphone** – Consigue un smartphone y utiliza el calendario, el block de notas y las alertas de recordatorio para ayudarte a cumplir los plazos. Programa varios recordatorios insistentes en los días previos a la fecha límite.

Conciliar mejor el sueño cuando se padece TDAH

- **Establece una alarma para dormir en tu smartphone** - En la mayoría de los smartphones puedes programar una alarma que te avisará una hora antes de irte a dormir. Con esta señal, puedes iniciar tu ritual nocturno, desconectar todos los aparatos electrónicos y bajar la intensidad de las luces.

- **Terapia lumínica** - Dormir puede ser un reto para muchas personas con TDAH, debido a las constantes variaciones fisiológicas en sus ritmos circadianos. El ritmo circadiano se puede mejorar mediante el uso de una happy lamp (lámpara de terapia de luz (SAD) u obteniendo 20 minutos de exposición a la luz solar a primera hora de la mañana.

- **Melatonina** - A menudo, los niveles de melatonina están disminuidos en los pacientes que padecen TDAH. Prueba con un suplemento (0,3 mg es la dosis recomendada) o consume alimentos que provoquen la producción de melatonina, como el jugo de cereza ácida.

- **No tomes café a última hora** - El cuerpo tarda hasta 12 horas en digerir completamente la cafeína. Evita la cafeína entre 5 y 7 horas antes de acostarte para dormir mejor.

- **Tranquiliza tu mente** - ¿Tu mente está acelerada y no te deja dormir? La relajación muscular progresiva es un método que puede ayudarte a relajarte y conciliar el sueño.

- **Utiliza música de fondo** - Los aparatos de música ambiental pueden aumentar la calidad y la duración del sueño, especialmente el ruido ambiente (imagínate la lluvia y las olas del mar).

- **Mantente a una temperatura agradable** - Baja la temperatura de tu habitación a 18-20 °C (65-68 °F), que es el rango ideal para generar melatonina y conciliar el sueño.

- **Despiértate a horas regulares** - El sistema de regulación del sueño de tu cuerpo se beneficia si te despiertas a horas regulares. El establecimiento de una hora regular para despertarse es la estrategia más práctica para mantener un horario consistente y controlar las hormonas del sueño.

- **No dejes entrar la luz** – Utiliza un antifaz para dormir o cortinas opacas para mejorar la calidad del sueño, ya que la producción de melatonina aumenta con la oscuridad.

- **Utiliza la cama solo para dormir** - De lo contrario, pueden formarse conexiones como cama + trabajo, cama + películas de miedo, o cama + miedo existencial. Esto es lo que los terapeutas del sueño denominan control de estímulos; utiliza la cama únicamente para dormir (y para la intimidad).

Realizar las tareas cotidianas

- **Comienza poco a poco** - Concédete el lujo de realizar tareas menores que te acerquen al cumplimiento de tus objetivos principales. ¿Hay que limpiar la cocina? Empieza por una sola zona de la encimera. Más vale progresar que no hacerlo. Elige siempre una habitación y, si es necesario, concéntrate en una sola zona de ese espacio.

- **Aplicaciones** - Entre las aplicaciones para manejar tus listas del supermercado se incluye Out of Milk, que utiliza un mecanismo básico de escaneo. Hasta los miembros de tu familia pueden sincronizar sus listas con las tuyas.

- **Calendario para tu rutina diaria en casa** - Facilítate las cosas creando una lista de tareas que puedas completar cada semana. Para ayudarte a recordar qué tareas tienes que completar en determinados días, usa un calendario de pared y muchos marcadores de colores.

- **Permite que tus plantas vivan** - Controla tu horario de riego utilizando aplicaciones como Happy Plant para mantener vivas las plantas de interior.

- **Regla de los 20 minutos** - La regla de los 20 minutos establece que debes esperar 20 minutos antes de disfrutar de algún "tiempo de inactividad" (como un atracón de Netflix). Simplemente configura un temporizador para 20 minutos y completa la tarea durante ese período. Puedes realizar la misma acción varias veces, como organizar la ropa de tu habitación. Si tienes pareja o hijos, trata de convertirlo en un juego.

- **Trata de hacerlo agradable** - Aunque parezcan abrumadoras, las tareas no son tan desagradables. Pon música alegre, usa ropa de limpieza atractiva y concéntrate en una actividad a la vez.

- **Invita gente a casa** - Nada te animará más a limpiar que una visita. Trata de invitar a cenar o a tomar algo al menos una vez a la semana, y aprovéchalo como estímulo para ordenar.

- **Pide ayuda** - Si te encuentras abrumado, pide ayuda. Recurrir a un ser querido puede resultar menos intimidatorio y, en ocasiones, se necesita un poco de motivación para empezar. Por otra parte, es posible que dispongan de tiempo para ayudarte.

- **Lo primero es estar en forma** – Ponte en marcha lo antes posible y comprométete a utilizar tus tareas diarias como ejercicio.

- **Busca alimentos que hayan caducado** – Elige un día de la semana para retirar los alimentos del refrigerador que hayan expirado (comienzas a sentirte expuesto, ¿verdad?).

Controlar y minimizar la impulsividad asociada al TDAH

- **La regla de las 24 horas** - Esta regla establece que siempre debes permitirte un periodo de reflexión antes de tomar una decisión impulsiva o comprometerte a algo. Trata de esperar al menos 24 horas antes de empezar. Si realmente lo "necesitas", el deseo permanecerá.

- **¿Qué pasará con esto?** - Si te ves impulsado a comprar algo mientras estás de compras, pregúntate: "¿A dónde irá a parar esto?". Detenerte a considerar dónde encaja en tu vida puede provocar una humilde revelación.

- **Antes de hablar, repite lo que te han dicho** - Los actos impulsivos son difíciles de controlar. Antes de contestar, intenta formular lo que se ha dicho mientras escuchabas. No solo aclarará posibles malentendidos, sino que te permitirá reflexionar sobre tu respuesta.

- **Evalúate a ti mismo** - Al describir la circunstancia, tus sentimientos justo antes de actuar y lo que deberías hacer la próxima vez para detener el comportamiento impulsivo, podrás practicar cómo poner nombre a tu impulsividad. Considéralo como un problema que un científico lógico intenta resolver.

- **Banda elástica** - Envuélvete la muñeca con una banda elástica y tira de ella con fuerza cada vez que tengas el impulso de actuar precipitadamente. Este es un método que puede ayudar a poner fin a ciertos comportamientos no deseados y devolver tus sentidos al presente.

- **Anótalo** - Dedica un momento a escribir antes de participar en reuniones o debates. Utiliza un cuaderno o un teléfono para anotar rápidamente lo que quieres decir y plantearlo más tarde si sigue siendo importante.

- **Medita** - Practica la meditación a diario para reforzar tu capacidad de pensar las cosas antes de actuar. Puedes empezar con dos o tres minutos diarios e ir aumentando hasta diez o veinte.

- **Ejercítate** - La actividad física diaria es un gran método para eliminar la angustia y la inquietud, que son alimentadas por las acciones impulsivas. Intenta dedicar 20 minutos al día a hacer algo que te guste. Incluso un paseo diario es suficiente para obtener ventajas significativas.

- **Practica las pausas** - Cuando alguien esté hablando, intenta escuchar atentamente cada palabra y luego espera tres segundos antes de responder. Después de practicar con un compañero de confianza, puedes probarlo en la calle.

- **Discúlpate** – Las interrupciones ocurren. Si interrumpes a alguien, reconócelo, pide disculpas y dale la oportunidad de concluir. Si quieres, explica tu motivación.

Vencer las distracciones y la postergación

- **Caja de seguridad** - Una de las mayores distracciones, especialmente para las personas que padecen TDAH, es el uso del teléfono. ¡Guarda tu teléfono en una caja de seguridad cuando tengas tareas importantes! Cuando termines, Tik Tok todavía estará accesible.

- **Mira a tu alrededor** - Es crucial para la productividad mantener un entorno libre de distracciones. Mantén el área libre de desorden o tapa las distracciones colocando cestas mientras trabajas.

- **Simplemente haz la tarea que tienes entre manos** - Actúa tan pronto como puedas. La mente que padece TDAH tiene dificultad para volver a concentrarse cuando la vida se torna agitada o hay distracciones. Respira profundo, colócate tus pantalones de la disciplina y simplemente actúa, sin importar qué tan molesto pueda parecer.

- **Estimúlate** - Las mentes con TDAH suelen experimentar una falta de estimulación, lo que podría hacer que renuncien a trabajos monótonos para realizar otros más divertidos. Puedes incluir un kit de slime, música relajante, una rueda fidget spinner, una sesión de ejercicios, un podcast o cualquier otra cosa que te haga moverte. Siempre y cuando el acoplamiento de acciones te acerque a tu objetivo, es aceptable.

- **Combina L-teanina con cafeína** - Combinar L-teanina con cafeína puede aumentar los beneficios de la cafeína sobre la concentración, al tiempo que calma la ansiedad. De acuerdo con los estudios, esta combinación mejora las funciones cognitivas y la atención sostenida de los pacientes con TDAH.

- **Auto conversación positiva** - Contrarresta tu voz interior negativa con una que sea optimista. Las frases "Lo hice lo mejor que pude, y eso es suficiente", "Nada es perfecto, está bien ser humano" y "Soy fuerte, capaz y puedo superar cualquier cosa" son algunas de las que puedes probar.

- **Abraza a tu niño interior** - Es habitual que las personas con TDAH nos sintiéramos incomprendidas cuando éramos niños. Una afirmación positiva de tu niño interior por parte de tu yo adulto será de gran ayuda. Dale un suave abrazo de ánimo a tu niño interior. Intenta animarle y prometerle que harás todo lo posible para apoyarle y comprenderle mientras atraviesa la vida.

- **Aclara tus objetivos** - Define tu objetivo final y, a continuación, enumera los "mini" objetivos que debes cumplir para alcanzarlo. Establece un calendario, concéntrate en el primer mini-objetivo y dedícate exclusivamente a él. Si continúas sintiéndote desbordado, divide aún más tus mini-objetivos. Se trata de empezar a avanzar de forma sencilla.

Cómo controlar mejor tus emociones

- **Planifica un tiempo de ocio** - Dedica un tiempo semanal (o tal vez una hora al día) para no hacer nada. Puedes hacer lo que quieras: poner música a todo volumen, utilizar el teléfono para distraerte o entretenerte con algún pasatiempo. Establecer este tiempo para "hacer lo que yo quiera" te proporciona la estructura necesaria para un tiempo de inactividad, y evita que pases largas horas sin hacer nada y luego te sientas mal.

- **Acepta los altibajos** - Aceptar tus sentimientos sin juzgarlos puede ser muy reconfortante. Cada vez que sientas una gran tristeza, enojo o ansiedad, no luches contra ello ni busques una explicación. Recuérdate a ti mismo que todo es pasajero y que debes aceptar esa emoción y permitir que los pensamientos vayan y vengan todo el tiempo con naturalidad, sin emitir juicios sobre ellos. Lo peor que pueden hacer las emociones es hacer que te sientas incómodo por un momento.

- **Escribe un diario** - Anotar tus sentimientos y pensamientos podría ayudarte a procesarlos y a recobrar la paz diariamente o cuando estés enojado.

- **Respira** - La ansiedad, la saturación y la agitación son síntomas comunes del TDAH. Trata de concentrarte en tu respiración cuando tengas estos síntomas y respira lenta y profundamente por la nariz y la boca. De este modo se estimula el sistema nervioso parasimpático, lo cual reduce las reacciones de estrés en el cuerpo.

- **Descansa** - Cuando estés irritado, molesto, exaltado o a punto de estallar, tómate un descanso. Pasea, siéntate en silencio, escucha música relajante en los auriculares o realiza cualquier actividad que te haga sentir en calma. No dudes en apartarte de las circunstancias para que puedas cuidar de tu salud mental.

- **Aprende a ser amable** - La estructura de tu cerebro hace que sea difícil planificar, prestar atención, mantener la compostura y cumplir con las obligaciones diarias. Cuando algo vaya mal, intenta entablar una conversación contigo mismo en lugar de ser grosero contigo. Plantéate usar expresiones como " De acuerdo, TDAH; tú ganas esta partida".

- **Encuentra un grupo** - Es fundamental rodearse de personas con ideas similares. Trata de compartir materiales sobre el TDAH en tu círculo actual si están abiertos a ello, o describe lo que supone para ti. Los foros en línea, los perfiles de Instagram y los grupos de apoyo para el TDAH constituyen recursos que puedes utilizar para sentirte escuchado y comprendido.

- **Contrata a un terapeuta** – La terapia puede ayudar a desarrollar habilidades de auto-aceptación y gestión emocional. Considera la terapia como un entrenamiento cerebral personalizado; a veces, hace falta un poco de dirección para poner las cosas en orden. Ahora que existen muchas posibilidades en Internet, los tratamientos son más accesibles y están más al alcance de tu bolsillo que antes.

Autocuidado

- **Identifica tus disparadores** - Es fundamental que conozcas cuáles son tus disparadores. Ten en cuenta los sonidos, las situaciones e incluso las personas que te hacen sentir estresado y frustrado. Entre las soluciones sencillas se incluyen disponer de tapones para los oídos o auriculares al alcance de la mano.

- **Planifica las comidas** - Saltarte comidas y los atracones son malos hábitos difíciles de cambiar. No importa lo que pase, intenta por todos los medios consumir una comida o bebida rica en proteínas a primera hora de la mañana. Te ayudará a controlar el hambre y a garantizar que tu cuerpo recibe los nutrientes necesarios para producir sustancias como la dopamina.

- **Higiene** - El mantenimiento de las prácticas de higiene puede ser un reto, pero en cambio otras veces estás disfrutando de regímenes de cuidado de la piel de hasta 25 pasos. Cuando te cueste, intenta simplificar, usa champú en seco, encuentra un compañero responsable y se amable contigo mismo cuando tengas altibajos.

- **No te manches** - El TDAH hace que te manches; es toda una vida de manchas. Protege tus prendas favoritas aprendiendo a eliminar las manchas de forma efectiva.

- **Incorpora el Yoga** - Hasta 10 o 15 minutos al día pueden tener un impacto significativo en tu bienestar y en tu capacidad para manejar la frustración y el estrés.

- **Agrega esta afirmación** - De vez en cuando vivirás días difíciles. Prueba repetirte a ti mismo: "Ahora no es para siempre. Estoy aquí ahora".

- **Practica la gratitud** - Añade un recordatorio en tu teléfono para practicar la gratitud a diario. Cuando suene, deja de hacer lo que estés haciendo y piensa en algo por lo que estés sinceramente agradecido. Intenta concentrarte en ello durante solo sesenta segundos.

- **Cuando te sientas mal, mímate** - Date el permiso

de ponerte una mascarilla, comer algo rico y ver tu serie favorita. Deberías recompensarte de vez en cuando con una velada romántica contigo mismo. No te sientas culpable por tomarte el tiempo que necesites; no estás siendo egoísta.

- **Establece límites** - Es difícil negarse. Permítete rechazar una invitación o retirarte si aceptas algo sin pensarlo mucho para no agotarte.

- **Quítate la capa** - Ser un superhéroe es entretenido, pero te arriesgas a perderte a ti mismo. No estás obligado a cuidar de todo el mundo ni a ser perfecto. Trata de ser realista sobre cuánto equilibrio puedes manejar, y sigue diciendo: "Soy un ser humano".

- **Ámate a ti mismo** – Ámate a ti mismo poniendo una nota adhesiva con una afirmación positiva en un espejo que veas todos los días. Colócala de forma que puedas leerla todo el tiempo. Comienza con una afirmación como "Soy suficiente" y modifícala con frecuencia para así cultivar el amor subconsciente y la adoración por ti mismo. Tú te lo mereces.

5
Las relaciones personales y el TDAH

Aunque el trastorno por déficit de atención e hiperactividad (TDAH o ADD) se caracteriza por la distracción, la desorganización y la impulsividad, estos síntomas pueden causar problemas en muchas áreas de la vida adulta, pero pueden ser especialmente perjudiciales para las relaciones más cercanas. Esto es particularmente cierto si los síntomas del TDAH nunca recibieron un diagnóstico o tratamiento en profundidad.

Si eres tú quien padece TDAH, podrías sufrir críticas frecuentes, reproches y control extremo. Por mucho que lo intentes, nada de lo que hagas parece satisfacer a tu pareja o amante. Evitas a tu pareja o dices todo lo necesario para quitártela de encima, porque no te sientes apreciado como adulto. Te gustaría que tu pareja cediera un poco y dejase de intentar controlar todos los aspectos de tu vida. Sientes curiosidad por la persona de la que te enamoraste.

Mantener una relación con una persona con TDAH puede hacerte sentir aislado, infravalorado y olvidado. Estás harto de ser el único de la relación que debe ocuparse de las cosas de forma independiente. Dudas de tu capacidad para confiar en tu pareja. Te ves obligado a repetir recordatorios y exigencias, o a hacer tú mismo el trabajo porque parece que nunca cumplen con sus compromisos. En ocasiones, parece que a la persona con la que sales le importa un bledo.

Resulta fácil comprender cómo las emociones de ambas partes pueden contribuir a crear un círculo vicioso de retroalimentación negativa en la relación. En contraposición con las quejas, los regaños y el creciente resentimiento de la persona sin TDAH, la persona con TDAH se pone a la defensiva y se retrae después de sentirse juzgada e incomprendida. Finalmente, nadie queda satisfecho. Pero las cosas no tienen por qué ser así. Comprender cómo afecta el TDAH a la relación y cómo se pueden tomar decisiones más positivas y útiles para manejar las dificultades e interactuar el uno con el otro te ayudará a crear una relación más sana. Estas técnicas pueden ayudarles a ti y a tu pareja a comunicarse más eficazmente y a acercarse más.

El impacto del TDAH en las relaciones adultas

La comprensión de cómo el TDAH afecta a tu relación es el primer paso para transformarla. Una vez que reconozcan cómo los síntomas del TDAH están afectando a sus interacciones como pareja, descubrirán formas más eficaces de responder. Esto implica que el miembro de la pareja que padece TDAH aprenda a controlar sus síntomas. Esto exige que el miembro de la pareja que no tiene TDAH practique maneras de responder a las frustraciones de su pareja que le animen e inspiren. Estos son algunos de los problemas de pareja que pueden provocar los síntomas del TDAH.

Dificultades para prestar atención

Si padeces TDAH, tu pareja puede sentirse ignorada y poco valorada si pierdes la concentración durante las conversaciones. Además, puedes aceptar por descuido algo de lo que luego te arrepientas u omitir información clave, lo que puede llegar a frustrar a tu pareja.

Olvidos

Aunque esté prestando atención, una persona con TDAH puede olvidar más tarde lo que prometió o de lo que habló. Tu pareja puede empezar a creer que no te importa o que no eres de confianza cuando es su cumpleaños o el momento de buscar la leche en polvo que le prometiste.

Falta de organización

Esto puede provocar falta de productividad y desorden general en la casa. La otra persona puede tener la sensación de estar realizando una cantidad excesiva de tareas domésticas y limpiando lo que ensucia la persona que padece el trastorno.

Impulsividad

Si padeces TDAH, es posible que hagas comentarios sin pensar, lo que puede herir los sentimientos de los demás. Esta impulsividad también puede provocar un comportamiento descuidado e incluso imprudente (como hacer una compra grande que no estaba prevista y desatar discusiones sobre dinero).

Exabruptos emocionales

Muchas personas que padecen TDAH luchan por controlar sus emociones. Pueden irritarse con facilidad y tener dificultades para mantener conversaciones razonables. Tu pareja podría sentir que debe actuar con cautela para evitar que estallen los conflictos.

Ponte en el lugar de tu pareja

El primer paso para solucionar los problemas de pareja es aprender a ver las cosas desde el punto de vista de la otra persona. Quizá creas que ya entiendes el punto de vista de tu pareja si hace tiempo que están juntos o si suelen tener las mismas discusiones. Pero hay que ser consciente de lo fácil que es juzgar mal el comportamiento y las intenciones de tu pareja. Incluso si solo uno de los dos padece TDAH, tú y tu pareja son más diferentes de lo que te imaginas. Además, el simple hecho de haberlo oído todo antes no implica que entiendas completamente lo que tu pareja está diciendo. Puede ser particularmente difícil mantener la objetividad y la perspectiva cuando las emociones se disparan, como suele ocurrir cuando se abordan problemas de pareja relacionados con el TDAH.

Haciendo preguntas y prestando atención, podrás imaginarte mejor en la posición de tu pareja. Encuentra un momento en el que no estés alterado para sentarte y hablar. Permite que tu pareja exprese sus sentimientos sin intervenir para dar explicaciones o justificarte. Cuando tu pareja haya terminado, resúmele lo que ha dicho y comprueba que lo has entendido diciéndolo en voz alta. Para ayudarte a reflexionar sobre los puntos más adelante, puedes escribirlos. Una vez que tu pareja haya terminado, es tu turno. Pídele que haga lo mismo contigo mientras prestas atención con los oídos abiertos y una nueva perspectiva. Aquí tienes algunos consejos para mejorar el entendimiento en tu relación.

Infórmate acerca del TDAH

Resultará más fácil saber cómo el TDAH afecta tu relación a medida que ambos adquieran más conocimientos sobre el trastorno y sus síntomas. Podrán notar que se enciende una luz. ¡Muchos de los problemas que tienen como pareja ahora están claros! Puede ser posible que el miembro de la pareja que no padece TDAH no se tome los síntomas como algo personal si recuerda que un cerebro con TDAH está programado de forma diferente a un cerebro sin TDAH. Conocer la causa de algunos de los comportamientos y saber que hay medidas que se pueden tomar para regular los síntomas puede ser reconfortante para la persona con TDAH.

Reconoce el efecto que tus acciones tienen en tu relación

Es crucial comprender cómo los síntomas no tratados del TDAH afectan la relación si eres tú quien lo padece. Si eres tú quien no padece TDAH, piensa en cómo tus regaños y críticas hacen sentir a tu pareja. Si no te gusta cómo tu pareja saca el tema o te responde, no pases por alto ni desestimes sus quejas.

Diferencia los síntomas o las acciones de tu pareja de su personalidad

Los olvidos y la falta de compromiso de tu pareja deben considerarse síntomas del TDAH, en lugar de calificarlos de "irresponsabilidades". Recuerda que los síntomas no son rasgos de la personalidad. La pareja sin TDAH también siente lo mismo. Hay que reconocer que los regaños rara vez son el resultado de una pareja indiferente, sino más bien de sentimientos de tensión e insatisfacción.

Cómo suele sentirse el miembro de la pareja que padece TDAH

Las personas con TDAH a menudo ven el mundo de una manera difícil de entender para los demás, porque sus mentes están siempre aceleradas. Éstas son algunas de las formas en las que suele sentirse la persona con TDAH.

- **Abrumado por el estrés permanente que provocan los síntomas del TDAH, tanto interna como externamente -** Para mantener el orden diario hay que trabajar más de lo que la mayoría de la gente se imagina. Aunque no siempre sea obvio, este trastorno puede hacer sentir a una persona que tiene que luchar por mantenerse a flote.

- **Sumiso ante su pareja –** La otra persona suele increparle con frecuencia o hacerse cargo de la situación. Las críticas les hacen sentirse incompetentes y a menudo propician una dinámica paterno-filial. Como consecuencia de estas interacciones, los hombres pueden llegar a sentirse humillados.

- **Avergonzado -** Ocultan frecuentemente mucha vergüenza, que a veces compensan con desplantes o retraimiento.

- **No amado o no querido –** Los recordatorios continuos de sus parejas, jefes, y otras personas de que deberían "cambiar", no hacen más que confirmar que no son queridos tal y como son.

- **Temen seguir fracasando** - Hay más posibilidades de ser castigados por el fracaso cuando sus relaciones se van deteriorando. Pero esta persona eventualmente fracasará debido a sus conductas incoherentes provocadas por el TDAH. La reticencia a intentarlo es consecuencia de anticipar el fracaso.

- **Anhelan ser aceptados** – Las personas que padecen TDAH suelen tener una fuerte necesidad emocional de ser aceptadas pese a sus defectos.

Cómo suele sentirse el miembro de la pareja que no padece TDAH

- **No deseado o no querido** - La falta de atención, en lugar de verse como un elemento distractor, se percibe como desinterés. Ser "queridos" y obtener la atención de la pareja es una de nuestras principales ilusiones.

- **Irritado y emocionalmente aturdido** - Muchas conversaciones mantenidas con la persona que padece TDAH están matizadas por la ira y la amargura. Ocasionalmente, este enojo puede percibirse en forma de expresiones carentes de sentido. Algunos miembros de la pareja que no padecen TDAH tratan de enterrar sus emociones por dentro para controlar los enfrentamientos hostiles.

- **Muy estresado** - Con frecuencia, la persona que no padece TDAH asume la mayor parte de las responsabilidades familiares y nunca puede relajarse. Debido al comportamiento errático de la persona con TDAH, las cosas podrían terminar repentinamente de un momento a otro.

- **Ofendido e ignorado** - La persona que no padece TDAH encuentra desconcertante que su pareja no preste más atención a sus conocimientos y sugerencias cuando está claro lo que hay que hacer.

- **Agotado y cansado** - Son demasiadas las obligaciones que recaen sobre la persona que no padece TDAH, y no parece que ningún esfuerzo pueda arreglar el matrimonio.

- **Frustrado** – Es posible que la persona que no padece TDAH, piense que los mismos problemas vuelven a resurgir (efecto boomerang).

Asume tu responsabilidad

Ha llegado el momento de que asumas la parte que te corresponde en la relación y te pongas en el lugar de tu pareja. Cuando reconozcas qué papel te corresponde en los problemas que está atravesando tu relación, conseguirás progresar. La persona que no padece TDAH también puede verse afectada.

Aunque los síntomas de la persona que padece TDAH podrían ser la causa del problema, no constituyen el único factor. La manera en que la persona que no padece TDAH afronta el síntoma molesto puede promover la comprensión y el compromiso o provocar malentendidos y resentimiento. Si padeces TDAH, eres responsable de responder a las preocupaciones de tu pareja. Tu respuesta puede hacer que tu pareja se sienta escuchada y valorada o ignorada y rechazada.

Libérate de la dinámica niño-padre

Con el miembro de la pareja sin TDAH haciendo de padre y el miembro de la pareja con TDAH haciendo de niño, muchos se sienten atrapados en una conexión padre-hijo improductiva. Esto suele comenzar cuando el miembro de la pareja con TDAH no cumple con sus responsabilidades, como olvidarse de pagar la factura del cable, amontonar la ropa limpia sobre la cama o no pasar a buscar a los niños después de haber prometido hacerlo. Cada vez son más las tareas domésticas que asume la persona que no tiene TDAH.

El resentimiento aumenta progresivamente a medida que la pareja se desequilibra. Resulta cada vez más difícil reconocer y valorar los puntos fuertes y las contribuciones de la persona con TDAH. Por supuesto, la persona con TDAH lo sabe. Comienza a creer que no sirve de nada esforzarse y considera que su pareja es exigente y difícil de complacer. ¿Cómo se puede cambiar esta tendencia?

Consejos para el miembro de la pareja que no padece TDAH

No puedes controlar a tu pareja, pero puedes controlar tus acciones. Deja de quejarte y de maltratar verbalmente. Ninguna de las dos cosas produce resultados.

Si tu pareja hace progresos, felicítala y reconoce sus esfuerzos.

Cuando sea posible, concéntrate más en sus intenciones que en sus acciones. Por ejemplo, puede que alguien se distraiga mientras te escucha, pero eso no significa que no valore lo que tienes que decir.

Evita intentar "paternar" a tu pareja. Tanto la relación como tu pareja sufrirán por ello.

Consejos para el miembro de la pareja que padece TDAH

Reconoce que tus problemas relacionados con el TDAH están afectando a la relación. Esto va más allá del simple hecho de que tu pareja sea poco irracional. Analiza las terapias disponibles. Tu pareja se mostrará menos exigente en la medida en que desarrolles la capacidad de controlar tus síntomas y aumentes tu confiabilidad.

Si tú y tu pareja descubren que las emociones intensas están entorpeciendo sus conversaciones, decidan previamente que ambos necesitan tomarse un descanso para ordenar sus pensamientos y relajarse.

Busca métodos para mimar a tu pareja, se sentirá menos como tu padre o tu madre si percibe que te preocupas por ella, aunque solo sea en pequeñas cosas.

Comiencen a comunicarse y dejen de pelearse

Como ya habrás visto, es frecuente que la comunicación entre los miembros de la pareja se deteriore cuando el TDAH está presente. Un miembro de la pareja se siente sobrecargado de trabajo. Otro se siente atacado. En vez de resolver el problema, terminan discutiendo entre ellos.

Hay que hacer lo posible para calmar las emociones irracionales con el fin de mejorar la comunicación. Si es preciso, espera a estar tranquilo antes de tocar un tema. Presta atención a lo que tu pareja tiene que decir cuando estén hablando. Piensa en cuál es la cuestión fundamental de la discusión. ¿Cuál es el principal problema?

Por ejemplo: Varias peleas por cenar tarde. El marido, que no padece TDAH, está molesto por otros motivos distintos al hecho de no tener nada para comer. Le molestan la falta de confianza y la indiferencia de su esposa (¡trabajo duro para mantenerla! ¿Por qué nunca recibo ninguna atención? ¡Se esforzaría más si se preocupase por mí!). La mujer que padece TDAH se siente sobrecargada y criticada injustamente (tengo que hacer demasiadas tareas domésticas). (Me resulta difícil organizarme y he perdido la noción del tiempo. ¿Eso me convierte en una mala esposa?).

Es mucho más fácil encontrar una solución cuando se ha identificado el verdadero problema. Si el marido de esta situación comprendiera que la impuntualidad y el desorden persistentes de su esposa no son algo personal, estaría menos molesto. Este es un síntoma del TDAH que no se ha tratado. La esposa se sentiría más motivada para hacer las cosas por su parte una vez que se diera cuenta de que una comida a tiempo hace que su marido se sienta querido y valorado.

No te guardes tus sentimientos. Independientemente de cuáles sean tus sentimientos, sé sincero con ellos. Saca las cosas a la superficie para resolverlas juntos como pareja.

No puedes leer la mente de los demás. No pretendas saber lo que piensa tu pareja. Evita la trampa de "si mi pareja me quisiera...". Si tu pareja hace algo que te molesta, háblalo con ella en lugar de quedarte en silencio.

Cuida tu lenguaje y tus palabras. Evita utilizar un lenguaje crítico o preguntar a tu pareja: "¿Cuántas veces tengo que decírtelo?" o "¿Por qué nunca puedes hacer lo que dijiste que harías?".

Encuentra el humor en cada circunstancia. Ríete de los inevitables malentendidos y errores de comunicación. La risa alivia la tensión y fortalece la relación.

Cómo comunicarte mejor si padeces TDAH

Los síntomas del TDAH pueden obstaculizar la comunicación. Los siguientes consejos te ayudarán a mejorar tus conversaciones y tu relación con los demás.

- **Cuando puedas, háblale a la gente cara a cara -** Los indicadores no verbales, como el contacto visual, el tono de voz y los gestos, transmiten mucha más información que las palabras. Debes hablar con tu pareja cara a cara en vez de por teléfono, mensaje de texto o correo electrónico si quieres que entienda la emoción oculta bajo las palabras.

- **No interrumpas y presta atención -** Trata de mantener la mirada en la otra persona mientras está hablando. Repite sus palabras siempre que tu atención deje de seguir el ritmo de la conversación. Procura no interrumpir.

- **Formula preguntas -** Haz una pregunta a la otra persona en lugar de comenzar con cualquier cosa que tengas en mente, o con las muchas cosas que tienes en mente. Sabrán que estás prestando atención cuando lo vean.

- **Pide que te lo repitan -** Cuando te des cuenta de que estás desviando la atención, discúlpate con la otra persona y pídele que repita lo que acaba de decir. Si dejas que la conversación se alargue demasiado mientras que tus pensamientos están en otra parte, te resultará más difícil volver a conectar.

- **Controla tus emociones** - Si te resulta difícil hablar de algunos temas sin perder la calma o decir algo de lo que luego te arrepentirás, considera la posibilidad de probar la meditación mindfulness. La meditación mindfulness periódica puede darte más control sobre tus emociones y detener los arrebatos emocionales que pueden ser tan perjudiciales para una relación, además de ayudarte a reducir la impulsividad y a incrementar la atención.

Trabajar juntos como un equipo

No hay razón por la que no se pueda tener una relación sana y mutuamente satisfactoria, aunque uno de los dos tenga TDAH. El secreto está en desarrollar habilidades de trabajo en equipo. Una relación sana implica dar y recibir, con ambas partes colaborando plenamente y buscando activamente maneras de ayudarse la una a la otra.

- **Dedica tiempo para averiguar en qué eres bueno y qué es lo que más te desafía en ambas partes** - Si tu pareja es buena en algo en lo que tú no lo eres, podrá ayudarte, y viceversa. Tiene que parecer un intercambio justo. Piensa en formas de obtener ayuda externa si tú y tu pareja son débiles en la misma área. Si ninguno de los dos tiene conocimientos financieros, puedes contratar a un contador o buscar aplicaciones de gestión del dinero que faciliten la elaboración de presupuestos.

- **Apégate a tu división del trabajo** - Mientras tú te encargas de los niños y de cocinar, la persona que no padece TDAH puede ser más adecuada para ocuparse de las facturas y hacer los recados.

- **Organicen reuniones semanales** - Encuéntrense una vez a la semana para hablar de los problemas y evaluar su evolución como pareja.

- **Consideren la división del trabajo** - Si alguno de los dos está llevando la mayor parte de la carga, hagan una lista de tareas y obligaciones y reequilibren la carga de trabajo.

- **Externaliza, automatiza y delega** - No tienes por qué encargarte de todo tú solo o junto con tu pareja. Asigna tareas a tus hijos si los tienes. Además, puedes pensar en contratar un servicio de limpieza, pedir que te lleven las compras o programar pagos automáticos de facturas.

- **Si es necesario, divídanse tareas específicas** – El miembro de la pareja que no padece TDAH puede tener que asumir el papel de "encargado" si al miembro con TDAH le cuesta terminar las cosas. Para prevenir resentimientos, tenlo en cuenta en tu acuerdo.

Elabora un plan realizable

Probablemente no seas muy bueno planificando o creando sistemas si padeces TDAH. Sin embargo, esto no significa que no puedas seguir una estrategia una vez establecida. Una pareja que no padezca TDAH puede ser de gran ayuda en esta área. Ellos pueden ayudarte a crear una estrategia y una rutina que te ayuden a mantenerte al día con tus obligaciones.

En primer lugar, analiza los temas más habituales de tus discusiones, como las tareas domésticas o la impuntualidad constante. A continuación, plantéate soluciones viables que puedas poner en práctica. Un gran calendario de pared que contenga casillas de verificación junto a las actividades diarias de cada persona puede ser útil para recordar las tareas. También puedes crear un calendario en tu smartphone con temporizadores que te recuerden futuros eventos si acostumbras a llegar tarde.

Cómo ayudar tu pareja que padece TDAH

- **Establece una rutina** - Una estructura adicional resultará ventajosa para tu compañero. Considera establecer horarios específicos para las comidas, el ejercicio y el sueño, así como para las tareas que tú y tu pareja deban completar.

- **Pon recordatorios externos** - Pueden ser una lista de tareas pendientes en el teléfono, una pizarra de borrado en seco o notas adhesivas.

- **Controla el desorden** - Aunque las personas que padecen TDAH suelen esforzarse por ser y permanecer ordenadas, el desorden aumenta aún más la sensación de que sus vidas están fuera de control. Ayuda a tu pareja a crear un sistema de organización y control del desorden.

- **Las peticiones deben ser reiteradas a la persona que padece TDAH** – Para evitar malentendidos, pide a tu pareja que reitere lo que han acordado.

6

Cómo progresar en el trabajo cuando se padece TDAH

Los empleadores buscan candidatos y empleados con una excelente concentración, atención al detalle, rapidez y organización. Pero si padeces TDAH, realizar todas estas tareas y más, pueden ser todo un reto. Podría ser complicado realizar un buen trabajo y mantener un empleo de forma constante. Podrías tener inquietud o dificultad para concentrarte, síntomas típicos del trastorno. Sin embargo, hay pasos que puedes seguir para superar tu TDAH y tener éxito en el lugar de trabajo. A veces puede resultar beneficioso.

¿Cómo influye el TDAH en el trabajo?

Según estimaciones, entre ocho y nueve millones de estadounidenses adultos padecen TDAH. Y otras muchas personas que se encuentran en circunstancias similares atraviesan dificultades en el trabajo.

En comparación con el 72% de las personas que no padecen TDAH, apenas el 50% de los adultos que lo padecen podían mantener un trabajo a tiempo completo, de acuerdo con una encuesta nacional. E incluso cuando conseguían un empleo, con frecuencia ganaban menos dinero que sus contemporáneos que no lo tenían. Este problema laboral supone una pérdida anual de ingresos cercana a los 77.000 millones de dólares.

La gravedad de tu trastorno determinará en qué medida influye en tus perspectivas laborales. Algunos individuos podrían simplemente tratar de no desviarse de su objetivo, mientras que otros luchan por completar la jornada laboral sin tener una discusión importante con un jefe o compañero de trabajo. Las personas más afectadas pueden perder su empleo, cambiar de trabajo con frecuencia o tener que solicitar prestaciones por incapacidad.

El TDAH repercute en el rendimiento laboral de varias formas. Las reuniones pueden resultar insoportables si tienes problemas para mantener la concentración y no puedes permanecer sentado. Tampoco podría ser fácil hacer un seguimiento de numerosos proyectos y plazos.

De acuerdo con un estudio, los pacientes que padecen TDAH a menudo tienen más dificultades con la fluidez verbal, la memoria de trabajo, la atención y otras habilidades cognitivas. Todas estas son habilidades de la función ejecutiva, que son cruciales para el trabajo.

Si padeces TDAH, puede resultarte difícil gestionar tu tiempo, organizarte, mantenerte en orden, prestar atención, seguir instrucciones, terminar tareas, fijarte en los detalles, llegar puntual al trabajo, hablar solo cuando es tu turno, sentarte en silencio y mantener el control emocional.

Además, puedes luchar contra la falta de motivación y la ira.

Los efectos secundarios habituales del TDAH son la depresión y la baja autoestima. Estos sentimientos pueden empeorar si no consigues cumplir los plazos y terminar tus tareas a tiempo.

¿Cómo conseguir y mantener un empleo?

Muchos adultos que se muestran inquietos y tienen problemas para concentrarse o manifiestan otros síntomas nunca han sido diagnosticados oficialmente con TDAH. La consulta con un profesional médico especializado en TDAH del adulto deberá ser tu primer paso si tienes alguno de los problemas mencionados. Ellos podrán hablar contigo para averiguar si efectivamente lo padeces. Y si es así, poder ser diagnosticado para que puedas iniciar el tratamiento más adecuado.

La medicación, la terapia o una combinación de ambas, puede ser de gran ayuda. Si lo deseas, puedes practicar técnicas de organización después de aprenderlas de un entrenador o terapeuta ocupacional.

Trabaja con un orientador profesional para encontrar el puesto que más se adapte a tus intereses, necesidades y habilidades si vas a empezar a buscar trabajo. Podrías buscar un puesto con un ritmo de trabajo más rápido, un horario más flexible y una estructura menos rígida. Otra posibilidad sería crear tu propia empresa para poder elegir tus condiciones y horarios de trabajo.

Cuando consigas un empleo, prueba estas cosas:

- **Buscar la paz** - Solicita trabajar en un lugar tranquilo en el que no te distraigas fácilmente.

- **Trabajar en equipo** - Colabora con un jefe o compañero de trabajo bien estructurado que pueda ayudarte a llevar las iniciativas hasta el final.

- **Planificar** - Mantén una agenda que incluya un calendario y una lista de tareas. Actualízalos constantemente. Programa recordatorios electrónicos de citas y fechas de entrega desde tu computadora o smartphone.

- **Escribir** - Durante las reuniones y las llamadas telefónicas, toma notas y enumera las nuevas obligaciones.

- **Programar las interrupciones** - Planifica momentos específicos para responder diariamente el correo de voz y el correo electrónico para evitar distracciones.

- **Establecer objetivos alcanzables** - Organiza tus días en tareas diferenciadas, y solo intenta hacer una a la vez. Utiliza un temporizador para saber cuándo debes pasar a la tarea siguiente.

- **Darte un gusto** - Encuentra una manera de darte un gusto después de terminar una tarea, o utiliza estos consejos de gestión del tiempo. Sal a dar un paseo durante un descanso. Lee un artículo de una revista. Para los objetivos más importantes, regálate una comida especial o cómprate algo que tengas ganas de tener.

- **Delegar** – Si puedes, pide a un asistente o pasante que se encargue de las pequeñas cosas para liberar tu tiempo y poder concentrarte en lo más importante.

- **Desarrollar tus habilidades de relajación** - Te ayudarán a mejorar la concentración. Intenta respirar profundamente o meditar. Cada hora, levántate para dar un paseo, tomar un vaso de agua o charlar con un compañero de trabajo.

Contrata a un orientador profesional o a un mentor ejecutivo para que te ayuden a adaptarte a tu nuevo puesto. Te pueden asesorar sobre cualquier problema que se te presente. También podrán ayudarte a resolver las situaciones laborales conflictivas puedan surgir. Por ejemplo, podrían ayudarte a simular de qué manera hablar de un aumento de sueldo con tu supervisor sin que la discusión se vuelva tensa.

Puntos fuertes de los adultos que padecen TDAH que debes conocer

Son pocas las personas que piensan que los adultos que padecen TDAH tienen puntos fuertes, debido a la forma en que la sociedad ve este trastorno. Es posible que te sientas desanimado porque solo percibes debilidades con el TDAH. Pero también tienes que ser consciente de las ventajas del TDAH. Numerosos empresarios y famosos con TDAH triunfan debido a estas características propias de los adultos con TDAH.

El TDAH se suele ver como un inconveniente. La gente se da cuenta de esto porque solo se fija en los defectos. Debes ser consciente de los defectos de los adultos que padecen TDAH. Pero procura que tus defectos no se apoderen de ti. No te centres únicamente en las imperfecciones. Para tener éxito en cualquier ámbito, hay que identificar y aprender los puntos fuertes que tienen los adultos que padecen TDAH.

Creatividad

Una mente que está constantemente pensando y creando es una mente que nunca descansa. La energía creativa es necesaria para el crecimiento. No es sorprendente que los adultos que padecen TDAH prosperen y produzcan energía creativa.

Algunas personas creen que las personas que padecen TDAH se benefician enormemente de sus habilidades artísticas. Es así como deberías ver la creatividad también. Los adultos que tienen TDAH generalmente son creativos. Prosperan en situaciones que requieren pensamientos creativos. Las energías creativas de muchas personas con TDAH benefician a innumerables empresas y a nuestra sociedad.

Innovación

A los adultos que padecen TDAH les gusta ir más allá de los límites. Los adultos con TDAH se aburren con frecuencia y se distraen rápidamente. En algunos casos, las distracciones y el aburrimiento arruinan la carrera profesional. En otros casos, impulsan notables inventos y logros científicos.

Una de las enormes ventajas que tienen las personas que padecen TDAH es la innovación. A los adultos con TDAH les cuesta aceptar las cosas como son. Una vez más, esto puede arruinar una carrera profesional en el sector equivocado.

Los adultos que padecen TDAH deberían evitar aquellos empleos que impliquen tareas complejas, mucha organización o que los mantengan encerrados en un escritorio todo el día. Algunas de las peores carreras para las mentes inquietas incluyen ser contador o auxiliar administrativo.

Por otro lado, las personas que padecen TDAH y que son innovadoras y creativas pueden sobresalir en industrias creativas. Los adultos con TDAH pueden optar por profesiones que requieran ingenio, como la actuación, el trabajo autónomo y las ventas. Las mejores profesiones para los adultos con TDAH son las que pertenecen a esta categoría.

Hiperfocalización

Muchas personas que padecen TDAH tienen grandes dificultades cuando no pueden concentrarse. Sin embargo, lo opuesto a la falta de concentración es la hiperconcentración, lo que parece ser uno de los puntos fuertes de los individuos con TDAH. Los adultos con TDAH suelen encontrarse con dificultades para prestar atención a determinadas actividades. Otras actividades atrapan a los adultos con TDAH y no los sueltan.

Es necesario desarrollar la habilidad para utilizar la hiperfocalización al máximo de las posibilidades. Para utilizar la hiperfocalización en tu beneficio, debes averiguar maneras de manejar y controlar el TDAH.

Hay muchos empleos orientados a la resolución de problemas que se adaptan bien a la hiperfocalización. Las carreras relacionadas con la ciencia y la tecnología se benefician enormemente de la capacidad de hiperfocalización de los participantes. A los adultos que padecen TDAH les va bien en carreras científicas, como desarrolladores de juegos e informática, o como atletas. El empresario David Neeleman y el golfista profesional Bubba Watson son dos ejemplos de personas hiperconcentradas que padecen TDAH.

Exuberancia

Muchos padres de niños con TDAH se lamentan de la gran energía que les consume la mayor parte del día. El mero hecho de seguir el ritmo de su hijo hiperactivo es un problema para ellos. Sin embargo, cuando se usa eficazmente, la energía alta puede ser una de las principales ventajas para las personas con TDAH.

La energía alta, junto con la hiperconcentración, proporciona a algunos investigadores e inventores el impulso necesario para seguir trabajando mucho después de que sus compañeros se rinden. La hiperactividad sin concentración puede sobrecargar la dinámica de un hogar. Sin embargo, la energía alta impulsa trabajos exitosos y fuerzas creativas cuando es canalizada adecuadamente.

Eficiencia

Uno de los principales resultados de la hiperconcentración y la energía alta es otra de las fortalezas de productividad de las personas que padecen TDAH. Mientras que los adultos con TDAH luchan contra el aburrimiento y la baja productividad, puede ocurrir lo contrario en las circunstancias adecuadas: altos niveles de productividad.

Los adultos con TDAH son capaces de lograr resultados a un ritmo especial cuando se enfocan en un problema decisivo. Los adultos que padecen TDAH tienen una mente muy activa, que cambia constantemente entre tareas y pensamientos.

Para la mayoría de las personas con TDAH, enfocar y dirigir su energía mental es clave para mejorar la productividad. Con el manejo adecuado, la productividad puede convertirse en un recurso importante, e incluso se podría afirmar que el TDAH potencia la productividad.

El lado positivo del TDAH en el trabajo

Si trabajas para una gran empresa, tienen prohibido discriminarte por tu enfermedad, ya que el TDAH está considerado como una discapacidad según la Ley de Estadounidenses con Discapacidades. La ley también obliga a la empresa a satisfacer tus necesidades. Sin embargo, debes sentirte cómodo revelando a tu empleador que tienes TDAH. Podría ser útil investigar más sobre este tema antes de plantearlo para tener así una estrategia.

Por último, aprovecha las ventajas potenciales del TDAH: sí, hay ventajas. El deseo incesante de probar cosas nuevas, la inquietud y la impulsividad pueden ser rasgos fantásticos. Esto es particularmente válido si diriges tu propia empresa.

Según los estudios, muchos adultos que padecen TDAH se convierten en propietarios de empresas. La clave del éxito es encontrar la profesión que mejor se adapte a ti. Luego, para potenciar al máximo tu trabajo, usa tu ímpetu, inventiva y otros puntos fuertes.

Conclusión

El TDAH puede repercutir negativamente en el rendimiento laboral o escolar y en las relaciones personales, si no es diagnosticado y tratado adecuadamente.

Padecer TDAH siendo adulto es todo un reto. Pero con los cambios de estilo de vida y los cuidados adecuados, puedes disminuir significativamente tus síntomas y mejorar tu calidad de vida.

Los mecanismos de afrontamiento para el TDAH en adultos pueden ayudar a las personas a superar los problemas a los que pueden conducir la impulsividad, la hiperactividad y la falta de atención. Eliminar las distracciones mientras conducimos puede mejorar la seguridad, mientras que agregar recordatorios a nuestra agenda puede ayudarnos a recordar cosas, y organizar nuestro entorno puede evitar que perdamos objetos importantes.

Los médicos se basan en los síntomas, el historial médico y, en ocasiones, los resultados de pruebas psicológicas para diagnosticar el TDAH. Las personas que obtienen un diagnóstico se benefician de la medicación y otras formas de tratamiento para controlar la enfermedad.

Cuando se padece TDAH, es posible modificar los horarios y finalizar las tareas de diversas maneras. La buena noticia es que las soluciones van más allá de lo que has leído en este libro. Si te resulta difícil mantenerte en el camino correcto, un experto en salud mental podría ayudarte a desarrollar soluciones adecuadas a tus necesidades.

www.ingramcontent.com/pod-product-compliance
Lightning Source LLC
Chambersburg PA
CBHW021625270326
41931CB00008B/873